诗路女烨

"三爱三立"乡土思政教育读本

章兆斌　主编

浙江工商大學出版社｜杭州
ZHEJIANG GONGSHANG UNIVERSITY PRESS

图书在版编目（CIP）数据

诗路女埠："三爱三立"乡土思政教育读本/章兆斌主编. —杭州:浙江工商大学出版社,2020.7

ISBN 978-7-5178-3985-9

Ⅰ.①诗… Ⅱ.①章… Ⅲ.①文化史-兰溪-中学-乡土教材Ⅳ.①G634.554.1

中国版本图书馆CIP数据核字（2020）第141370号

诗路女埠——"三爱三立"乡土思政教育读本
SHI LU NV BU——SAN AI SAN LI XIANGTU SIZHENG JIAOYU DUBEN

章兆斌　主编

责任编辑:王黎明
责任校对:穆静雯
封面设计:章兆斌
责任印制:包建辉
出版发行:浙江工商大学出版社
　　　　　（杭州市教工路198号　邮政编码3210012）
　　　　　（E-mail:zjgsupress@163.com）
　　　　　（网址:http://www.zjgsupress.com）
　　　　　电话:0571-88904980,88831806(传真)
印　　刷:金华日报社印刷厂
开　　本:710mm×1000mm　1/16
印　　张:7.25
字　　数:90千字
版 印 次:2020年7月第1版　2020年7月第1次印刷
书　　号:978-7-5178-3985-9
定　　价:26.00元

版权所有　翻印必究　印装差错　负责调换

浙江工商大学出版社营销部邮购电话　0571-88904970

本书编委会

主　任：孙晓媚

副主任：吕玉刚

委　员：李永君　章兆斌　张小平　徐熊军　王文华　张永水

　　　　舒跃芳　童友仙　吴　凯

编写人员

顾　问：刘　鑫

主　编：章兆斌

编　辑：张小平　李晓芸　施慧娟　余小芳　徐　斌　姚　琴

摄　影：胡　烨

序一

"爱国之道,始自一乡。学必始于乡土,而后可通于天下。"

乡土是每个人长大的地方,是让我们渐通人事,形成自己情感、态度、价值观的地方,那是每个人心灵的故土,是精神的家园,是整个社会重要的根基。而乡土文化,就是在这片乡土上所呈现的文化。不了解乡土文化,就无法实现现代化。故而,乡土文化教育是"根"的教育,是家乡认同感和做有根之人的基础,更是爱国主义教育的土壤。

中小学阶段的教育,融入乡土文化知识,融入乡土之爱,让优秀传统文化浸润孩子们的成长之路,让孩子们能够真正领悟家乡之美,对树立孩子们正确的世界观、人生观、价值观很有益处。让孩子们努力成为"三爱三立"(爱国爱党爱家乡,立德立功立言)的中国人,成为能够担当起民族复兴大任的时代新人,成为德智体美劳全面发展的社会主义建设者和接班人,功在当代,利在千秋。

乡土文化的教育,是让孩子们在认识家乡的基础上,去建设家乡。一本优秀的乡土教材,既能使文化精神得以传承,是孩子们在本土文化滋养下成长的"引路人",又可以让孩子们充分了解自己的家乡,启发孩子们回顾过去、立足现实、放眼未来,可以潜移默化地激发孩子们热爱家乡、热爱祖国的情感。《诗路女埠》的宗旨与打响"学在兰溪"品牌殊途同归。

"为什么我的眼里常含泪水,因为我对这土地爱得深沉。"秀灵的大地滋养着深爱着她的人民,她的人民又用勤劳和智慧建设着自己美丽的家乡。乡土文化,需要传承,更需要发展。我们要传承的是文化中的精华,它应该是代表当地生活智慧的、进步的、富有生命力的元素。在女埠,山明水秀,人文荟萃,有传统乡土建筑,有红色教育基地,也有大放异彩的非遗文化。百喙如一,这充满诗意和魅力的江南古镇文化值得孩子们在热爱中传承,在传承中发展。

　　女埠渡渎人、明代翰林院编修、礼部尚书章懋所撰《枫山语录》有云:"今之学者,须持敬致知两下工夫方可。"《诗路女埠》秉承"乡而不俗,土而不粗"理念,其出版对于乡土文化教育的意义重大,感谢一直默默付出的教育人。同时也殷切期望,见微知著,让广大中小学生能以"乡之情、心之愿、己之力"助力家乡建设,传播家乡的温度和热度,继而谱写一曲兰溪教育发展的华美篇章!

李海龙

2020年6月

序二

女埠，以人美水美、商埠之华而盛名，素有"江南水乡，理学商邦"之美誉。女埠旧有"女儿浦""望云乡""纯孝乡""平渡镇""女儿埠"等众多称谓，恰似江南女子，清丽温婉。

她，临立于钱江上游，兰江西畔，是历经1700多年岁月芳华的浙江省历史文化名镇。这片67.11平方公里的乡土，滋养了聪慧灵秀、勤劳奋进的女埠儿女；历史上这里出过进士25名，更不乏名相、御史、名儒、诗人、学士等众多乡贤才俊，当代亦有院士2名，可谓代有英彦。正如《平渡应氏宗谱》载曰："因见金山拱秀，瀫水清流，得山水之清奇，文风之胜景，以壮幽居。自元明迄清，豪士间生，户口繁息，可谓盛矣！今日者，继书香，务农桑，服商贾，尚不乏其人。"这是对女埠山水文化、理学文化、商埠文化、名人文化的生动诠释，无愧于"钱塘江诗路明珠"之誉。

今继女埠"文史馆"立阁后又付梓《诗路女埠》这一"三爱三立"（爱国爱党爱家乡，立德立功立言）乡土思政教育读本，颇感振奋。该书广泛征集女埠史料，采用契合在校学生自主阅读的编辑手法，勾勒了女埠千年光阴，舒展出"历史地理""名人文化""非遗育人""礼义立人""红色历程"五个篇章，图文并茂，文史充盈。诚愿学子开卷有所启迪，踏寻先辈荣光，持敬致知，立志成才。

"家乡树已高，乡愁把我醉。"

我期盼孩子们今后不管走多远,脚步迈得或雄健或踉跄,都始终牢记女埠是永远的故土!愿女埠文化薪火相传,荣耀永继!

是为序。

2020年6月

目录

第一章 历史地理篇

『女埠』，顾名思义，便是女儿滩边的小镇。小小的城镇坐落于钱塘江上游兰江之畔，是钱塘诗路的重要节点，见证了千百年来的水运历史兴衰。其历史源远流长，地理风景优美，文化底蕴深厚，教育根深叶茂。

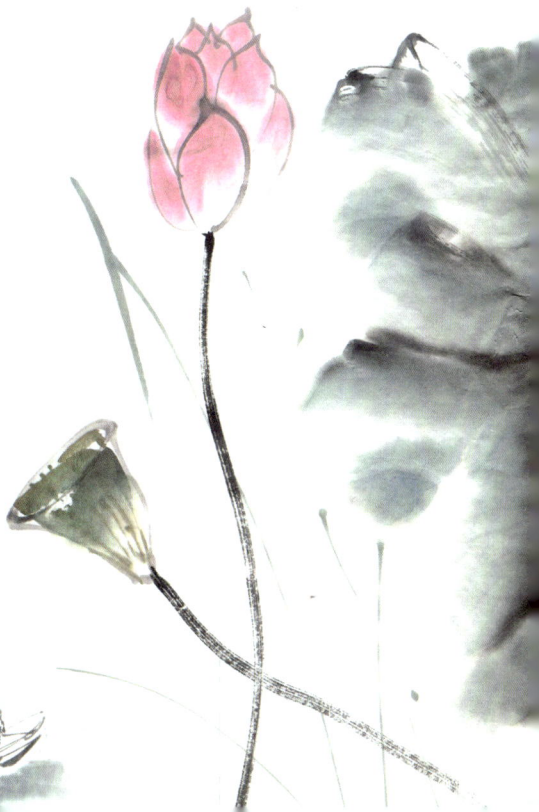

第一课　悠悠古埠

知乡史

兰溪自古为浙中水陆交通枢纽,女埠作为兰江水运咽喉,自元明以来便因其得天独厚的地理优势获得商业上的繁荣。明洪武设巡检司,清同治设盐公所,浙、闽盐商云集,过往盐船上百艘。

古码头

兰江女埠流域,南自毕家洲,北至真教寺,江岸长约2公里。南北两端为浅水区,中间街市区江面开阔,为深水区,大小船舶可以泊岸。童家埠《童氏家谱》载:宋元间,上至福建,开化、常山,下至淳安、建德,竹木筏排沿河停宿,日以数百艘,至明清木材交易繁荣。

小码头 俗称观音阁码头,码头岸上建有观音阁、财神殿。主要停靠木材、毛竹排筏。

塘报码头 又称酱坊码头,因岸上原为丰美酱园栈房,故名。徽江牛贩船只停靠于此。

邵家码头 位于中街商业繁华地段。清同治十二年(1873),设立平渡盐公所。河岸右侧立有清乾隆年间"邵记码头碑记",是女埠主要客货运码头。

水神码头 原为渔埠。岸上立有一庙,记"水神",护佑水上平安,故名。后为渡口,往来渡客一天可达上千人。

草堂码头 明代诗人方寒溪居于河岸,建屋三间,中室曰"草堂",后人故名。码头为渔舟停泊之处。

洪记码头 位于下街中段,巷口有"童洪记米行""洪记箍桶店",故名。货船以载粮食、油料为主。

古　街

女埠古街,临兰江而立,长约1400米,街道宽2—3米,明末清初为鹅卵石铺面,老字号商店门前铺有图案,路中铺有青石板。巷弄临街左右而设,街巷呈"非"字形。

　　商店多为木结构,多建于明清时期,两旁相互对峙,楼上有"走马廊",左右两檐廊架有竹帘,夏阴冬暖。店门多采用敞开式的木质排门。排门每块宽约一市尺,白天横放高凳上,可当作桌子用。

　　古街分上街、中街、下街,上街有主巷4条(吴家巷、东水沥巷、青石巷、方祠巷)和横弄3条;中街有主巷5条(集成巷、邵家巷、水神巷、章谦泰巷、广成巷)和横弄3条;下街有主巷4条(花园巷、草堂巷、泽基巷、洪记巷)和横弄7条。

读乡韵

悠悠古埠,留下许多耐人寻味的美丽景色,也吸引许多文人墨客驻足留诗。品读这些诗作,古埠千年遗风也如画卷般一一展现在我们面前。

兰溪女儿浦晓寒

南宋·杨万里

前年寒早热亦早,去年寒迟热亦迟。

何曾寒暑有迟速,通融三年那兑支。

人生何必早得意,芍药荣时牡丹瘁。

荣枯迟速一笑休,顺风今日好行舟。

浣溪沙

北宋·黄庭坚

新妇滩头眉黛愁,女儿浦口眼波秋。惊鱼错认月沉钩。 青箬笠前无限事,绿蓑衣底一时休。斜风吹雨转船头。

诗路女埠

探乡情

1.读一读文中两首诗词,体会古埠之美。

2.拿起手中的画笔,画一画你印象中的古埠美景。

3.请从文中所介绍的古码头、古街中任选一个,探究其古今变化。

第二课　风景独好

　　千年古埠不仅留下了繁荣的商埠文化，也造就了许多迷人的风景。女埠虽小，风景这里独好。

白露山

　　白露山亦名玉带山、玉泉山、白露峰，位于黄店镇之东，女埠镇之西，距市区 15 公里。山域面积 5 平方公里，海拔最高点 445 米。原有大小景点 17 处，景区面积 13.63 平方公里，是兰溪市内历史悠久、规模宏伟、人文景观丰富的金华市级风景旅游胜地。

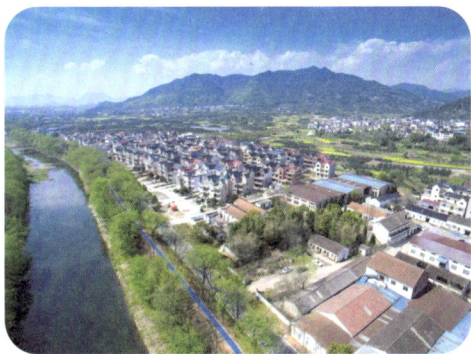

1981年《中国名胜词典》以白露山景色清幽、古刹久远而录入。1988年3月，兰溪市人民政府将白露山慧教禅寺批准为重点宗教保护寺庙。1994年3月，经金华市人民政府批准，列为金华市市级风景游览区。

白露寺，又称慧教禅寺，建于白露山上白露坪中央。登山入寺有南北三路，由山南沿蜿蜒盘曲的山道，登840余步石阶即见寺庙正门；由西经垇坦村，穿行约2.5公里羊肠小道后，山势由陡而平缓，松林夹道，再行里许为寺后山门；由虹霓山村口，行驶约3公里盘山公路后，可直达寺庙。

白露山风景以清幽秀美而著闻，为历代文人墨客赞咏不绝。近代文人潘澍在《白露山记》中曾写道："登高而望远，见镜屏峰迤逦而南，岗峦起伏，形势天成，极林泉之胜；跻黄岩而眺望，则金华、九峰诸山，若可招而至；衢、婺两江蜿蜒数百里，如带如练，奔汇于前，东流入钱塘江，纵目乌龙、富春，耸峙天际，如英豪抗领争相长雄，洵为壮观也！"

山下有澄清可鉴的镜潭泉；山腰有酷似玉带之白岩，岩下有高峻突兀的仙人石；山坪有一览亭、憩趾亭；山之首又名龙门山，有佛庐供

奉。昔唐相舒元舆,婺州名儒金仁山、明代学者章枫山皆隐居白露峰讲学,名士黄傅、陆震、方寒溪,清代义士邵献芳,近代画师童之风,与山、与寺相缘。黄岩下有惠安寺,又名乘仙殿,为舒元舆后裔为朝念先祖之功而建,殿分正殿和经堂二处,石柱顶梁,青石铺地。正殿中央塑有舒元舆神像,左右两庑,分坐范钟、黄傅、章懋、周三畏诸名臣、乡贤塑像。中堂悬挂"甘露流芳"匾额,为姜东舒所书。

寺之右侧有舒元舆墓、范钟墓。山北麓老鹰岩下,有南宋大理寺少卿周三畏墓。沿墓左侧而上,翻越山梁,至山腰,有一方坪地,为当年周三畏隐居之地,时称"忠隐庵",古庵早废,1995年周氏后裔于原址重建。

白露寺屡经修葺,屡遭损毁。1985年后,开始恢复重建。大殿如来大佛金装,十八罗汉神态各异,金佛溢彩,神龛流光,红柱新梁,重现古刹肃穆之风。70余间厢房各归所用。右侧新建"玉佛堂""藏经室"。1993年中国香港地区香客赵太自缅甸接入高1.6米、价值50余万元人民币之白玉如来佛像,安于正中;美国净空法师所赠之新版《大本基藏经》千卷,存于经阁。经修整后的大殿、禅房、客厅,主体结构属清代风格,柱础仍为元、明特色。正殿后又新建"观音阁",雕梁画栋,飞檐点金,蔚为壮观。1989年释圣修法师主持禅寺后,每年农历十月初一至初七日,举办"启建法界圣文水陆普度大齐胜参道场",国内、国外香客咸集,香烟缭绕,烛焰辉煌,游人熙攘,无愧为"浙西第一道场"之称。

女儿滩

女儿滩位于兰江东岸,与镇对峙,南接黄溢滩,北尽焦石滩,南北长1400米,东西宽400米。内外两河相涵,形似蕉叶,古称"皎皎滩",时称洲背。明隐逸诗人方太古先居船上,泊洲而宿,后于滩北侧桑麻地中筑室,室名"寒溪书屋"。居三年,室为洪水毁,迁居临街河岸,建屋三间,更

名"草堂"。晚年,随子迁居解石山。寓滩时,书《寒溪书屋》诗于室内墙上:"屋占桑麻半亩园,岁无车马一人喧。午凉树影园浮地,静夜滩声直到门。万卷诗书销日月,一湾鸥鹭共朝昏。兴来蓑笠扁舟去,不亚浣花溪上村。"又作《忆溪上梅花》:"去年冬早溪流浅,重忆开时谁主张。一树隔帘云弄影,万花迴梦雪生香。最多画意山松阁,占断情风水竹庄。何日归来酬汝愿,小杯秀句放清狂。"诗人生活在茂行桑园的滩上,过着清闲幽逸、放荡任意的生活。现女儿滩列入市水上旅游开发区景点之一,计划于滩上建湿地公园。

读乡韵

登白露峰

明·章适

古刹无人到,山门为客开。

三春自芳草,二月落残梅。

檐矮云低俯,松高鹤远来。

乾坤足生意,深绿漫苍苔。

10

探乡情

1. 用手机拍几张风景照,并发送到朋友圈。

2. 品读文中《登白露峰》这首诗,体会诗中意境。

3. 女埠的美景相信你也曾游览过,写篇游记与朋友们一同分享吧。

第三课　书香遗韵

知乡史

好山好水自然孕育了一批杰出之人，而他们又为培育更多的女埠人而创立了一所所私塾、书院，书香也因此萦绕于千年古埠。

在女埠，有几所较为著名的书院，分别为：南宋年间下潘先世潘显谟建于村东凤山寺的月林书院，明成化年间章懋建于渡渎的枫山书院，明弘治年间方太古建于女埠下街溪岸的寒溪书院。其中，仍有遗址存留至今的为章懋所建的枫山书院。

章懋论《学监弊疏》曰：

"宋元学校之外又有书院之设,书院则无利禄之诱,凡有志之士,皆听其就学,有田以供给之;延名师硕儒为山长,以主教之,故出其中者多有好人才。诸老先生有不就仕,而反就山长之聘,乐为开讲者。"因而在明成化十三年(1477),章懋致仕归乡,明成化十九年(1483)正月,讲学于枫木山枫木庵,远近学者执经问业,门墙林立。人因此称其为"枫山先生"。明弘治十二年(1499),艰于步履,不能往来枫山,门人后进者,率于家庭受学。

明成化十九年(1483)章懋于枫木山讲学时,面对跟从他学习的众多弟子,思接千载,想到自宋而下的众多乡贤,儒者的担当在心里奔涌,化成了龙吟凤哕般的一句:"吾婺有三巨担,自东莱①何王金许②后,道学无人担;自宗忠简③潘默成④后,功业无人担;自吴⑤黄⑥柳⑦宋⑧后,文章无人担。后学可加勉也。"这便是为后世所称道的"担三"精神。

而今,兰溪市第一中学仍以"担三"精神为校训,鼓励学生勇担道学、功业、文章三副巨担。枫山先生的"担三"精神更是在千百年来影响着婺

---

① 东莱,吕祖谦。

② 何王金许,即北山四先生:何基、王柏、金履祥、许谦。

③ 宗忠简,宗泽。

④ 潘默成,潘良贵,南宋名臣。

⑤ 吴,吴莱,元代学者,浦江人。

⑥ 黄,黄溍,元时义乌人,与虞集、揭傒斯、柳贯并称儒林四杰。

⑦ 柳,柳贯。

⑧ 宋,宋濂。

州大地上的千万学者。

枫山书院培育了众多名儒硕士，有张昊、董遵、陆震、姜麟、郑绪、黄傅、唐仁龙、俞滂、黄迪、章拯、方寒溪等。其中的唐仁龙便是为人所熟知的兰溪状元唐龙。

读乡韵

枫山语录

为学之方，当依程子"涵养须用敬，进学在致知"做无弊。朱子亦是从事此语。

先生示遵：敬以直内，义以方外，工夫最好。敬以直内是操存涵养，义以方外须用讲学。

先生语遵曰：为学之法，须是敬义夹持。偏于持敬而不事集义穷理，则是徒守死敬而已，久之必至消歇；既持敬，又须穷理集义以栽培之，则敬字工夫方活。又云：敬字须贴诚字工夫方着实。敬而不诚则是伪也。

学者须是大其心，盖心大则百物皆通，此须做格物穷理之功，心便会大。学者心又须小，正是文王小心翼翼一般，此须是做持敬涵养工夫，心便会小，不至狂妄矣。心为身主，敬为心主，只心一不敬，所行便不是矣。凡人之敬肆勤惰，都由此心。

枫山语录中"涵养须用敬,进学在致知",这便是女埠初中校训"持敬致知"之意,意在提醒学生时刻怀着恭敬之心,做事求知。"持敬致知"四字也时刻萦绕于女中学子耳畔,枫山精神将历久弥新,指引女埠代代学子不断前行。

探乡情

1.读读枫山语录,结合解说,说说你认为在平时的学习中如何才能做到"持敬致知"。

2.探访枫山书院,进一步了解其历史,说说你认为枫山书院对女埠教育文化事业的发展有何贡献。

第四课　新新"学堂"

知乡史

千百年前书院、私塾带来的书香之气萦绕在女埠上空；现在一所所现代化学校如雨后春笋般出现在女埠各处。

女埠街道中心幼儿园

女埠街道中心幼儿园坐落在环境优雅的女埠上街村，创办于2013年8月，是一所标准化省二级公办幼儿园。幼儿园占地面积3417平方米，建筑面积2143平方米。幼儿园现有教职工32名，其中专任教师20名，持证率100%。

幼儿园坚持以人为本的教育理念，全面提高保

教质量。提倡"乐于探索、亲近自然"的课程理念,构建"玩转自然"课程体系,丰富园本课程的内容,培养"乐于探索、亲近自然"的儿童,充分挖掘和利用幼儿园周边地域的自然资源,在自然、生态、多元的课程实施中,激发幼儿的探究兴趣,利用周边的乡土文化特色来开展寻石之旅,如开展采桑记、户外踏青、寻石之旅等活动,从而使幼儿获得探究事物的丰富经验。

兰溪市女埠中心小学

兰溪市女埠中心小学坐落在风景秀丽的兰江之畔。1911年,时称乐英高等小学。这是一所历史悠久的百年老校,也是红色教育基地学校。

2013年9月1日正式搬到新校区。学校占地约25亩,建筑面积9186平方米,现有教师41人,18个教学班,学生700多人。学校曾先后获得"金华市书香校园""金华市先进职工之家""金华市红旗大队"等30多项荣誉称号。

走进女埠中心小学,"书之香"迎面扑来,"经典诵读"已成为一张亮丽的名片。学校树立了"诵读中华经典、营造书香校园、促进和谐发展"的教育理念,让学生阅读最具传统文化价值的经典诗文,掌握终身受益的知识精华,陶冶学生高雅的情趣。

建设中心小学

兰溪市建设中心小学位于风景秀丽的白露山山畔。学校在2012年8月升格为中心小学,学校校园环境优美,拥有一流的校园、一流的设备、一流的师资和一流的管理,配有实验室、美术室、音乐室、图书室等各种多功能教室,是一所高质量的现代化学校。学校先后获得全国主题教育先进集体、兰溪市文明单位、STEAM创客会员单位等荣誉。

学校一直重视教师队伍建设,有全国模范教师1名,"浙江省好人"1名,金华市优质课一等奖获得者1名,兰溪市教坛新秀4名,兰溪市骨干教师1名,兰溪市优秀班主任2名,兰溪市教坛新苗2名,师资力量雄厚。

学校始终坚持"建设一个多彩的世界"的办学理念和"善品正修身、善学增智慧"的办学特色,以"立德树人、建设未来"为校训,将"办人民满意的学校、育全面发展的学生"作为学校教育工作的根本,倡导"文明、创新、诚信、和谐"的校风、"勤学、乐学"的学风、"求

真、求实"的教风,把学生的养成教育贯彻学校工作的始终。学校以"善文化"为校园文化,建设"善文化陈列室",倡导学生"善学""善思""善行",建设一个人人向善、立德树人的校园环境。

2018年,学校被正式确定为"'毕矮智慧文化'非遗传承基地"。学校举办毕矮文化节和艺术节、建设毕矮文化室、开设毕矮故事拓展课等,倡导学生讲、写、画、演毕矮故事。学校不遗余力地传承和发展"毕矮智慧文化",培养了一大批小传承人,成果颇丰:学生自导自演毕矮故事方言剧、手偶剧,师生合作拍摄毕矮故事动画版等。

金家信义小学

兰溪市金家信义小学是一所由台胞童崇基先生捐资兴建于1994年的农村小学。学校绿树掩映,流水潺潺,风景秀丽,环境宜人。校园占地面积1500平方米,校园建筑面积4326平方米,建有柏园教学楼、崇基教学楼、昆仲图书馆。学校现有教学班级6个,在校学生205人,专任教师14人。近年来,学校先后被评为浙江省二类标准化学校、金华市示范小学、金华市文明学校、金华市非物质文化传承基地、浙江省标准化学校等。

信义小学为传承非遗文化,保护地方特色,兴建了非物质文化粮食

砌传承馆,将粮食砌制作引入学校并开展教学实践活动,开设了粮食砌特色拓展课程,邀请传承人来学校指导教学,培养了一大批粮食砌制作爱好者。2006年被评为兰溪市级文化传承基地,2013年12月被评为金华市非物质文化遗产传承教学基地。

女埠和平小学

兰溪市女埠街道和平小学创建于清宣统年间,历史悠久。学校坐落在风景秀丽、景色宜人的兰江之畔。学校占地面积13672平方米,建筑面积3740平方米,校园环境优美,书香馥郁,是孩子们精神成长的阳光乐园。学校被评为浙江省Ⅲ类标准化学校。

学校现有教师15人,学生190名,学校始终坚持"教书育人,服务育人,管理育人,活动育人,环境育人"的重要思想。秉承"勤奋、守纪、求实、创新"的校训,努力培养富有创造力、勤奋、守纪的学生。该校是潘复生院士的母校。"不求第一,但求最好"是学校一直以来追求的目标。

女埠初级中学

　　兰溪市女埠初中位于兰江之畔,自1956年建校伊始,已有60多年的历史,2006年合并女埠学区三校后,搬入新校舍。学校占地75亩,建筑面积27616平方米。各项教学设施齐全,有400米标准环形跑道,可容纳400人的多功能报告厅,宽敞明亮的师生食堂,舒心温暖的男女生宿舍,为全校师生创设了全市一流的教育教学条件。

　　近年来,学校先后获省课外阅读先进集体、兰溪市文明单位、金华市教育网络与信息安全工作先进单位、金华市课改教研基地等几十项省市级荣誉。学校教育教学综合质量名列兰溪市农村初中前列。

　　学校拥有一支教风严谨、博学善教、敬业爱生、无私奉献的师资队伍,其中有浙江省农村教师突出贡献奖1人,金华市优秀班主任1人,市名师、骨干教师1人,市教育之星2人,教坛新秀2人,近30人荣获兰溪市优质课一、二、三等奖。

　　学校秉承"人人有潜力,个个能成才"的办学理念,面向全体学生,关注每一名学生的成长,充分尊重每一名学生的个性,使每一名学生都能健康和谐发展。以"厚德、协作、务实、创新"为校训,努力开展"感恩"系列的德育教育活动,营造"乐

学、善思、自主、进取"的良好学风。其中,《我们在一起》师生情感联系本,是师生沟通的新平台,也是学校德育教育的一个亮点。《感动女中人物评选》、《励志卡》、《白露》校刊等,为学生提供了一个个更好地展示自我、激励自我的舞台。

读乡韵

  在女埠街道的校园中,信义小学以"信义"二字命名,校园中既有"进德路"又有"诚信广场",足见这所学校对"信义"二字的重视。

  春秋时代齐国的管仲把"礼、义、廉、耻"称为国之"四维"。他认为"礼"就是不能越出应有的节度,即思想行为不能超出道德规范;"义",就是自己不推荐自己,即使自己的思想行为符合道德标准;"廉"就是不隐瞒自己的缺点错误;"耻"就是要知羞耻,不与不正派的人在一起。他认

童崇基为人处世赠言

为"礼、义、廉、耻"与法相比,比法更为重要,把它们认作支撑国家大厦的四根柱子。孙中山先生主张要以"礼义廉耻"教化国民,并亲自设计和推广中山装,解释中山装的四个口袋分别代表礼义廉耻,提倡人们要依照四维随时检点自己。台胞童崇基先生在捐资筹建金家信义小学时也将"礼、义、廉、耻"这四个字作为校训。

童崇基老先生生前回乡之时曾介绍"信义小学"名字的由来及将"礼、义、廉、耻"四字作为校训的原因,他说:"只有诚实守信的人,才会受到人们的尊重,只有诚实守信的民族,有高尚道德的民族,才会立于不败之地。这也是我当初取'信义'这个校名的主要原因。我题这个校训时,有人说人老古板了,'礼义廉耻'不合时宜了。我并不这么认为。'礼义廉耻'乃国之四维,四维即兴,国之复兴。这是非常有道理的。"新的时代,童崇基老先生赋予了这四个字新的解释。礼义廉耻,植根于中华文化沃土,塑造中国国民品格,也将永远流传,生生不息。

探乡情

1.亲爱的同学,你又是就读于哪所学校呢？你和你的学校又有哪些动人的小故事呢？请以"我和我的学校"为题,写下自己与学校的故事和我们一同分享。

2.你现在就读学校的校训是什么？请结合学习、生活实际,说说你对校训的理解。

第二章 名人文化篇

古镇耕读传家，人文荟萃，名人辈出。唐相舒元舆，八婺儒宗章枫山，院士王伏雄、潘复生，爱国台胞童崇基，他们是践行『爱国爱党爱家乡，立德立功立言』的杰出代表。

第一课　唐相舒元舆

知乡史

　　舒元舆(791—835),字升远,唐代文学家,浙江省兰溪市女埠垷坦人。齐梁大宝元年(550),舒元舆的高祖舒景思任东阳郡守,卜居兰溪女埠垷坦万罗山。祖父舒缜(五世孙)派居东阳南田,授兰溪县医学训科后回迁原籍。去世后与孙氏归葬东阳地,亦名竹队(今上卢泉塘北)玉笥园。父敬之,娶薛氏(民间称鸟母娘娘),孕满,至垷坦大厅分娩,因是长子,取名元舆。舒元舆是舒缜之孙,与其弟元褒、元肱、元迥皆中进士,历史上将"一门四进士"传为美谈,戏曲舞台上多有演绎。舒元舆娶桐山后金金氏为妻,生三子。

　　舒元舆自幼警悟过人,从小在兰溪白露山麓私塾中刻苦读书。15岁通经儒,曾就读于武义书台山义塾。唐元和八年(813)进士。先任鄠县(今陕西户县)县尉,以干练知名。宰相斐度推荐舒元舆为兴元书记,又曾任刑、兵两部员外郎,拜监察御史,转任刑部员外

郎。大和五年（831），献文阙下。宰相李宗闵以为浮躁不可用，改任著作郎，分司东都洛阳。其间结识李训，引为知己。大和九年（835）九月，升任御史中丞，旋以本官同平章事。不久向文宗进"太平之策"，即先除宦官，次复河湟，三清河北。文宗秘许。大和九年（835）十一月，宰相李训、王涯、舒元舆及节度使郑注以左金吾卫石榴树上有甘露为名，欲诱杀宦官头目仇士良。不料事败。李、王、舒、郑均被杀，史称"甘露之变"。大中八年（854）昭雪，敕文说："杀身成仁，忧国忘家，雪其极冤，以报忠直。"次年归葬于白露山麓惠安寺侧。昭宗天复初年（901）赐立祠祀，今白露山下乘仙庙世传即其旧祠。舒元舆工于诗，尤擅散文，著有《舒元舆集》《牡丹赋》等，时称其工，有作品被收录于《全唐诗》。特别是他的《牡丹赋》，借物言志，字字珠玑，更是驰誉京城，为世传诵。

广为传诵的"宝剑锋从磨砺出"出自其《贻诸弟砥石命》一文，此文也是舒元舆家训。这是离家一年多的舒元舆给弟弟们写的一封信，对弟弟们进行谆谆的告诫。由"宝剑锋从磨砺出"，舒元舆推想到人的品德学

27

问,也要努力磨炼才能进步,否则就要后退。为勉励几位弟弟砥砺德行,舒元舆用自己的切身体会教育弟弟们,不要因生活所困而忘记了砥砺品行节操,可谓用心良苦。

读乡韵

牡丹赋

唐·舒元舆

古人言花者,牡丹未尝与焉。盖遁乎深山,自幽而著。以为贵重所知,花则何遇焉?天后之乡,西河也,有众香精舍,下有牡丹,其花特异,天后叹上苑之有阙,因命移植焉。由此京国牡丹,日月浸盛。今则自禁闼洎官署,外延士庶之家,弥漫如四渎之流,不知其止息之地。每暮春之月,遨游之士如狂焉。亦上国繁华之一事也。近代文士为歌诗以咏其形容,未有能赋之者。余独赋之,以极其美。或曰:子常以丈夫功业自许,今则肆情于一花,无乃犹有儿女之心乎?余应之曰:吾子独不见张荆州之为人乎?斯人信丈夫也。然吾观其文集之首,有《荔枝赋》焉。荔枝信美矣,然亦不出一果尔,与牡丹何异哉?但问其所赋之旨何如,吾赋牡丹何伤焉,或者不能对,余遂赋以示之。

圆玄瑞精,有星而景,有云而卿。其光下垂,遇物流形。草木得之,发为红英。英之甚红,钟乎牡丹。拔类迈伦,国香欺兰。我研物情,次第而观。暮春气极,绿苞如珠。清露宵偃。韶光晓驱。动荡支节,如解凝结,百脉融畅,气不可遏。兀然盛怒,如将愤泄。淑色披开,照曜酷烈。美肤腻体,万状皆绝。赤者如日,白者如月。淡者如赧,殷者如血。向者如迎,背者如诀。坼者如语,含者如咽。俯者如愁,仰者如悦。袅者如舞,侧者如跌。亚者如醉,曲者如折。密者如织,疏者如缺。鲜者如濯,惨者如别。初胧胧而下上，次鲜鲜而重叠。锦衾相覆，绣帐连接。晴笼昼熏，宿露宵裹。或灼灼腾秀，或亭亭露奇。或飏然如招，或俨然如思，或希风如吟，或泫露如悲。或垂然如绠，或烂然如披。或迎日拥砌，或照影临池。或山鸡已驯，或威凤将飞。其态万万，胡可立辩？不窥天府，孰得而见？乍遇孙武，来此教战。教战谓何？摇摇纤柯。玉栏风满，流霞成波，历阶重台，万朵千棵。西子南威，洛神湘娥。或倚或扶，朱颜色酡。角炫红釭，争鬈翠娥。灼灼夭夭，逶逶迤迤。汉宫三千，艳列星河，我见其少，孰云其多。弄彩呈妍，压景骈肩。席发银烛，炉升绛烟。洞府真人，会于群仙。晶荧往来，金釭列钱。凝睇相看，曾不晤言。未及行雨，先惊旱莲。公室侯家，列之如麻。咳唾万金，买此繁华。遑恤终日，一言相夸。列幄庭中，步障开霞。曲庑重梁，松篁交加。如贮深闺，似隔窗纱，仿佛息妫，依稀馆娃。我来观之，如乘仙槎。脉脉不语，迟迟日斜。九衢游人，骏马香车。有酒如渑，万坐笙歌。一醉是竞，孰知其他。我案花品，此花第一。脱落群类，独占春日。其大盈尺，其香满室。叶如翠羽，拥抱栉比。蕊如金屑，妆饰淑质。玫瑰羞死，芍药自失。夭桃敛迹，秾李惭出。踯躅宵溃，木兰潜逸。朱槿灰心，紫薇屈膝，皆让其先，敢怀愤嫉？

焕乎！美乎！后土之产物也。使其花如此而伟乎，何前代寂寞而不闻？今则昌然而大来。曷草木之命，亦有时而塞，亦有时而开？吾欲问汝，曷为而生哉？汝且不言，徒留玩以徘徊。

探乡情

1. 感受舒元舆"宝剑锋从磨砺出"的精神品质。
2. 诵读舒元舆的《牡丹赋》，借助资料理解意思，感受辞赋之美。

第二课　八婺儒宗章枫山

知乡史

　　章懋字德懋，号暗然，又号瀫滨遗老，门人称枫山先生。兰溪市女埠街道渡渎人，明正统元年（1436）十二月二十八日生。明正德十六年（1521）十二月三十日卒。享年85岁。赠太子少保，谥文懿。

　　章懋天资聪颖，过目成诵，天顺六年（1462），在乡试中一举夺魁。成化二年（1466），已31岁的章懋在会试中夺得第一，经殿试后成为进士，同年被推选为翰林院庶吉士，从此开始了他的仕途生涯。章懋任福建按察司佥事期间，爱民如子，为百姓平反冤假错案，治理盗患，更立下乡约，以道治盗，短短几年便深得民心。

　　成化十三年（1477），章懋上书乞求归还家乡，得到允许。回乡后的章懋致力于传播知识，并于成化十九年（1483）开始在枫木山讲学，并收有众多门人，讲学处成为后来家喻户晓的"枫山书院"。

明文懿公像

武舉人三百五十名

第一名 章懋 浙江蘭谿人監生 易
第二名 陸淵之 留守中衛軍餘監生 詩
第三名 羅倫 江西永豐縣人監生 書
第四名 陳清 浙江餘姚縣人監生 禮記
第五名 王俊 福建閩縣人監生 春秋
第六名 錢山 直隸滁州學生 易
……名次 孟和 福建莆田縣……監生……

章文懿公

蘭谿縣志後序

蘭谿浙東古縣也舊未有縣
志弘治間今廣西右方伯崑
山王公嘗假令蘭谿時吾友
大司成章先生以南閩憲盒
致仕于家愚亦自靖江丁內

蘭谿縣圖志序

周官大司徒職方氏皆掌天下土地
之圖而又爲外史掌四方之志此後
世郡邑之尙志所由姑也意郡在
宋而洪邁爲東陽志元贍思爲……
濱志皆洗紀一部率而作誇邑未

弘治元年（1488），因章懋早年立下的政功，朝廷众臣论荐其出山任职，但章懋以家中父母年老体弱需服侍左右，加之自身身体欠佳为由推辞。之后几年，朝中不断有人举荐章懋出任重职，都被其一一推辞。直到弘治十六年（1503），时年68岁的章懋赴任南京国子监祭酒，在任期间，教人为学，都以躬行实践为先，讲学作文次之。他的属下只要出现贪污钱财的行为，一定革职处理，不留情面。章懋再次出任要职时年事已高，加之病痛缠身，多次请辞，但朝廷都因其在朝中能起到表率作用，拒绝其请求。直到正德三年（1508），因家人接连去世，章懋悲痛交加，病痛加重，朝廷才终于允许这位年过古稀的老人回到家乡。

回乡后的章懋并未忘记家国大事，退而弥勤，协助知县处理了家乡多年的旱荒灾情，更时常修书于门人，为他们处理政事出谋划策。在经过短短几个月的休息之后，章懋再次被任以南京太常寺卿的要职。在职期间，章懋一如既往，亲力亲为，处理各类政事，同时不忘时常修书告诫自己的子侄为官谨慎。因勤勉的处事风格，以及在朝中的威望，已至耄耋之年的章懋升任南京礼部尚书。因多次辞官不允，最终病倒于岗位，享年85岁。兰溪文风以明代为最盛，章懋实为先导。生三子，皆在家务农，知县至其家，诸子释锄接待，知县惊诧不知为贵公子。其著作有《枫山语录》《枫山集》及附录。所纂《兰溪县志》，为兰溪现存最早方志。

章氏家训：耕与读。"耕"是指从事农业劳动，耕田可丰五谷，养家糊口，以立性命；"读"，读书，明理，修身，堂堂正正做人。作为一个正直的人，始终不能忘记自己的责任，并须要把这种观念一代代传下去。读书读得好，不是为了升官发财，而是为了修身养性。耕读之家，最能维持长久（耕读传家久）。只耕不读是头猪，只读不耕是条虫。枫山先生堪称婺州儒宗，提出读书人要挑好三副担，即道学、功业、文章（道德修养，建功立业，知识能力），也是兰溪一中原称为担三中学的由来。

章懋为官50多年，廉洁从政，清贫一生。即便身居要职，他的儿子们仍亲自从事农业劳动,衣着简朴。兰溪当地官员到他家拜访时,章懋就准备几盘待客的菜,但就这样还筹办不来,很多时候都要向同族的亲戚借。每年章懋都会宴请两次他的门人——清明一次、冬至一次,都是用祭祀后剩下的食物。每两个人占一个席位,如果有不能来的门人,先生就自己坐一个席位。如果门人来的多了,席位不够用了,那么夫人就自己出去以腾出席位。在章懋去世后,因家中贫困至极,孤儿寡母没有生活来源,朝廷下旨,每月给米二石抚养。

　　章懋为官多年,两袖清风,虽有愧于家人,却留下了一世清廉的好名声,至今令人称道。

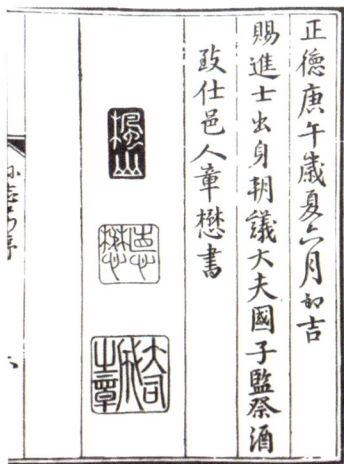

读乡韵

章懋与金丝琥珀蜜枣

兰溪的金丝琥珀蜜枣,距今已有500年历史。相传,章懋在朝廷任职时,回到家乡,见家乡所产青枣绿光闪闪,皮薄肉厚,十分鲜嫩,味道鲜美。因此,每到枣子成熟时节,他总要挑选一些大而美的枣子带着进京,献给皇上,皇上尝后赞不绝口。于是,章懋就设法珍藏。一次,从一位枣农口中得知,枣子掉到蜜桶里,时间长了,拿出来一看色泽变得更美,一吃味道更佳。于是,章懋便叫枣农将鲜青枣纵切成丝状,用蜂蜜拌和,倒入锅中煎熬,枣子由青绿变成金黄,像琥珀一般,这时,枣子香气浓郁,味道更甜。将制作的枣子进献给皇上,皇上更加夸赞,当即传令封兰溪的金丝琥珀蜜枣为"冕枣",并嘉奖了制作蜜枣的枣农。由此,兰溪的金丝琥珀蜜枣代代相传,成了兰溪的传统特产。

观斗雀

明·章懋

绿槐庭院日初晓,群雀啾啾斗林杪。

奋身不入鸿鹄群,争飞聚噪心何小。

巢林聊用一枝安,阶除粒食充朝餐。

尔形甚眇欲易盈,群居何事兴争端。

世人有欲恒不足,争名夺利相追逐。

吁嗟微物何足论,可怜无角能穿屋。

送郑尚书

明·章懋

一鸿天外去冥冥,峻节孤风耸在庭。

投笏远辞丹凤阙,棹舟闲过白鸥汀。

午桥事往名犹在,昼锦诗传德愈馨。

愧我欲归归未得,金华山色梦中青。

探乡情

1.结合"三爱三立"教育,你从章懋先生身上感悟到了什么?

2.游考神故里,亲身体验古村落渡渎的文化内涵,谈一谈当下自己该如何做才能成为有担当的时代新人。

第三课　院士王伏雄

王伏雄(1913—1995)，字少珍，著名植物胚胎学家和孢粉学家。兰溪市女埠街道穆坞村人。小学毕业于平渡区立高等小学(现女埠中心小学)。初中分别就读于东阳县立初级中学(现东阳中学)、浙江省立第八中学(现衢州中学)。高中毕业于浙江省立高级中学(现杭州高级中学)。1936年毕业于清华大学生物系，获理学学士，同年考取研究生。1941年获清华大学硕士学位，并留在清华大学农业研究所工作。1943年赴美国伊利诺伊大学深造，在著名植物胚胎学家巴克霍尔兹教授指导下，1946年以优异的成绩完成了学业，获得了哲学博士学位。王伏雄被选为美国生物学家荣誉学会会员、科学家荣誉学会会员，以及美国植物学会会员。

1946年9月，他谢绝导师的挽留和高薪的聘请，毅然回国，先后应聘为上海中央研究院植物研究所副研究员，台湾大学植物系客座教授，中国科学院实验生物研究所任研究员兼所务秘书。1951年，由上海调至北

京,在中国科学院植物分类研究所任研究员,在此期间,创建了新中国第一个植物形态学研究室,把现代孢粉学的研究作为该研究室的头一项科研任务,主编了《中国植物花粉形态》一书,是中国孢粉学的奠基人之一。

20世纪80年代,王伏雄先后赴德国、法国、美国、澳大利亚和日本等国参加各种国际学术会议及参观访问。1987年,在第14届国际植物学大会上,王伏雄担任名誉副主席,并由大会授予荣誉奖章。

1980年他当选为中国科学院学部委员,并于1981—1992年间任生物学部常委。历任中国植物学会副理事长、理事长和名誉理事长。1990年当选中国兰花学会名誉会长。

王伏雄爱国,爱党,爱家乡。他竭力推荐兰花为兰溪市花,为兰溪兰花产业的发展出谋划策。他为人谦和,平易近人,深受科学界同人的敬仰和爱戴。1995年3月10日于北京家中病逝,享年81岁。著有《王伏雄论文选集》。

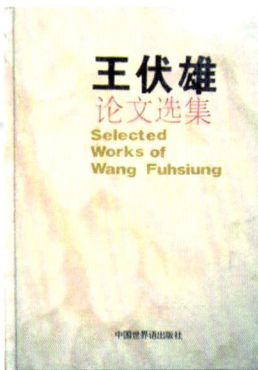

读乡韵

一封家书
（王伏雄与家乡亲人的书信往来）

金田弟:

去年10月中收到来信,得悉侄儿被拖拉机压伤,这是很不幸的事,不知事情已妥善解决没有。交通事故在北京时有发生,由公安部门负责解决。我们远在千里之外,未知实际情况,也不好提供什么意见。你可就近到律师事务所等机关咨询,要求协助调解或起诉,以求得到合作解决。

去年5月我曾去杭州大学短期讲学,8月又出国去澳大利亚开学术会议,11月又到成都开了中国植物学会,我被选为理事长。暑期惟球曾回国去上海开会,在北京住了约1月,又回英国去了。他说姑夫姑妈(素英乳名琴娥)曾去伦敦大学找他。当时他去希腊开会了,后来通过长途电话联系,他在雅典(希腊国都)旅馆中找到姑夫姑妈,一直谈到深夜。四十年没有见面的亲人,在异国相聚,真是难得。

你来信说人家不信我出国等事,随他们去吧!我写信是要告诉你,我现在的处境很好,教授的工资虽不多,但近十年来我们的社会地位已大大提高,党中央和政府都很重视知识分子。作为一名高级知识分子,虽然我年纪大了些,工作仍然很忙,心情却是很愉快的!今年5月我可能去美国访问。我身体尚健,生活也安定。承领导照顾,上下班派小汽车接送,所以交通也方便。

春节已近,未克面叙为憾。兹由邮局汇你100元,略表兄弟之情谊。

伏雄
1989年1月20日

中国植物学会

全国委：

去年10月中收到来信，得悉侄儿被拖拉机压伤，这是很不幸的事，不知事情已妥善解决没有。是通事故在北京肇有发生，由公安部门负责解决。我们远在千里之外，未知实在情况，也不好提什么意见。你可就近到律师事务所等机关咨询，要求协助调解或起诉，以求得到合理解决。

去年5月我曾去杭州大学短期讲学，8月又出国去奥大利亚开学术会议，11月又到成都开了中国植物学会，我被选为理事长。暑期准谏曹西同志上海开会，在此车信的1月，又回英国去了。他说姑夫姑妈（素英和父亲姊妹）当去伦敦大学找他，当时他去希腊开会由，右术通过去直电话联系，他在雅典（希腊国都）旅馆中找到姑夫姑妈，一直欢到深夜。四年没有见面的亲人，在异国相聚，真是难得。

中国植物学会

你来信说人家不信我出国等事，随他去说他！我写信是要告诉你我现在的处境很好，教授的工资虽不多，但近十年来我们的社会地位已大大提高，党中央和政府都很重视知识分子。作为一名高级知识分子，虽然我年纪大了些，工作仍然很忙，心情都是很愉快的！今年5月我了能去美国访问。我身体很健，生活也安定，承颂异常，上下班派小汽车接送，所以交通也方便。

春节已近，未克面叙为愧。养由邮局汇你100元，略表兄弟之情谊。

未信请寄

北京市1000州 西外大街141号

中国科学院植物研究所

素英嘱附笔问你好。随函附寄1988年国庆节在颐和园拍的第一张（戴帽的是我的女婿排行第十三）

你哥 1989.1.20.

我略信封上的地址。这是我们住家的通信地址。

探乡情

1.了解王伏雄人生历程，感受他对科研、对祖国的热爱之情。

2.在老师带领下，观察并记录植物细胞的形态结构。

第四课　院士潘复生

知乡史

潘复生,1962年7月出生于浙江省兰溪市女埠街道后郑花塘村。现担任重庆大学教授、博士生导师,中国工程院院士,重庆市科学技术协会主席,重庆市科学技术研究院院长,中国工程科技发展战略重庆研究院院长,重庆大学国家镁合金材料工程技术研究中心主任。

潘复生院士是国际著名镁合金科学家和知名铝合金专家,在镁合金、铝合金、工具钢、复合材料、薄带铸轧等多个领域有卓越建树。20多年来,他带领团队在镁合金相关领域开展了艰苦卓绝的研究攻关,取得了一系列重要成果,在推动镁合金在制造业等领域的规模应用方面,发挥了重要作用。

说起哥哥潘复生,潘卢生说得最多的一个词就是勤奋。兄弟俩小学读的是村小(现为和平小学),初中在女埠初中学习。潘复生在黄店中学

高中毕业后,曾在当地和平中学当了一年老师。勤奋也是潘复生给自己总结的科研攻关"秘诀"。在接受《重庆日报》采访时,他的团队成员也提到了这一点:"潘老师常常是实验室走得最晚的一个人。晚上12点离开实验室,对他而言都是一种奢侈。"因为这样的勤奋,潘复生才能在镁合金研究领域里一干就是30多年,解决了一个个关键技术瓶颈。

潘复生先后在合肥工业大学、重庆大学和西北工业大学获得学士、硕士和博士学位,并曾在英国牛津大学、德国斯图加特大学、澳大利亚昆士兰大学等留学和工作。年仅19岁就大学毕业,被授予优秀毕业生称号。年仅30岁就破格晋升为教授,成为当时重庆大学历史上最年轻的教授。1995年,潘复生被聘为重庆大学博士生导师,1998年成为国务院学位委员会学科评议组最年轻的专家成员。作为优秀留学回归人员,1993年受到了江泽民总书记的接见,当时《人民日报》《中国青年报》等均报道了潘复生的事迹;1996年,潘复生作为23位中国青年科技奖获得者之一,和白春礼院士、谢和平院士等一起,被中组部、人事部和中国科协编入《未来世纪的巨子》一书。

　　30多年来,潘复生教授和他的团队重点致力于解决镁合金材料塑性差、加工成形难、纯净度低等关键难题,承担完成了一批重要的国家级项目和多个重要的国际合作项目,在高塑性镁合金、先进成形加工技术和深度纯净化等领域取得重要创新成果,为我国镁科学技术与产业的发展壮大和走向世界做出了重要贡献。现在大家买的汽车中很多都有他们开发的镁合金零部件。潘复生已在国际著名刊物发表SCI收录论文350多篇,出版著作12部(本)。获国家技术发明奖和科技进步奖4项、省部级重要科技奖励10余项;获国家授权发明专利100多项,制订并获批国家标准多项。潘复生的科研成就也获得了国际认可。他曾连续担任4届国际镁合金大会主席,并应邀担任欧洲材料大会的合作主席和世界材料峰会圆桌会议主席,还兼任了Elsevier出版社《镁合金学报》国际刊物主编和国际标准化组织(ISO)镁及镁合金技术委员会主席。

读乡韵

中国工程院院士潘复生回兰溪服务、对接服务企业

2019年1月25日,应家乡邀请,兰溪籍在外优秀人才、中国工程院院士、重庆市科协主席潘复生教授回兰溪走访并对接服务本地企业。

潘院士一行首先到老家女埠街道参观了小城镇综合整治后的集镇、文懿馆、文史馆等,每到一处,相关负责人都进行了详细的介绍。

随后,潘院士一行实地走访了核心驱动科技(金华)有限公司,并在企业召开座谈会,听取了企业负责人情况介绍,双方就技术合作、人才交流、平台建设等方面开展研讨,并在材料合作方面达成共识,为下一步合作打好基础。

兰溪市委书记朱瑞俊,市委常委、组织部长徐振辉,市委常委、统战部长吴一成,副市长胡作滔分别陪同考察调研。

探乡情

1.走近潘复生的求学成长之路,感受其勤奋的学习态度。

2.查找资料,进一步了解镁合金材料,培养学生对科研的兴趣。

第五课　爱国台胞童崇基

知乡史

　　童崇基(1914—2012),字磐石,祖籍浙江省兰溪市女埠街道金家村。13岁随叔父去上海读书,抗战爆发后投笔从戎,考入黄埔军校第11期交通兵科。在抗日战争期间,参加过淞沪战役等众多战役,奋勇杀敌,多次身负重伤,九死一生。也曾奉命随中国远征军赴缅甸为中国远征军接收车辆及外援物资,调查缅甸地形地物、风土人情。

四十三岁参校

　　中华人民共和国成立前夕,他随兵工厂撤到了台湾,再次回到故乡已是半个世纪后,当年意气风发的少年,转眼已两鬓发白、年逾古稀。叶落归根,情归故里,即便年少离家,童崇基对于家乡的感情始终深厚。

　　1990年,童崇基回兰溪老家寻根祭祖,听闻村上小孩要一大早起床,走上三四里地才能到学校,有的干脆不去上学。同时,学校办学条件非常艰苦,教学设施特别简陋。回台湾后,童崇基立即与家里人商量,准备捐资助学。

1994年,童崇基再次回乡,为金家小学捐资兴建一幢建筑面积为1260平方米的"崇基教学楼"。2000年,又捐资建造了"柏园教学楼"和"昆仲图书馆";2001年,再次捐资建造了食堂、宿舍等,还为该校添置了800套全新的学生课桌椅,为每个班级配备了一台电视机。当年,他从台湾邮寄了20台电脑给学校,还出钱请专业教师对全校教师进行计算机培训。

2005年6月,兰溪市女埠街道女埠新初中奠基,童崇基捐款60万元。当他得知和平小学资金困难,捐赠了5台电视机,价值近万元,并给殿山初中捐赠了一台价值近万元的钢琴。一次,童老先生参观自己曾捐赠100万元的兰溪一中,发现这所兰溪市最出色的重点中学竟然没有网球场,便又捐助了10万元,兴建了两个网球场。

事实上,童崇基在台湾也是工薪阶层,靠退休金过日子,所有捐款项都是平时节省下来、儿女那里"交"过来,

还有从志同道合的台胞那里"化缘"而来的。从20世纪90年代初开始，他先后20余次返回家乡，为家乡教育事业倾其所有。先后给信义小学、兰溪一中、实验中学、水亭小学、女埠初中等学校捐资共计人民币700多万元，是兰溪市"三胞"中捐资最多的人。

读乡韵

采访童爷爷实录

信义小学在抓好文化教育的同时，尤其注重对学生的道德教育，以"礼、义、廉、耻"为校训，以"诚信、务实"为校风。近日，本校文学社小记者趁学校捐资者童崇基先生回乡之机，做了采访。

小记者：童爷爷您好，欢迎您回家乡，这次到校你有什么特别的感受吗？

童爷爷：学校变化很大、很快，走到校门口的进德路，就让人感到浓浓的教育氛围。不到一年时间，图书馆、舞蹈房、电脑房、音乐室、科技实验室等专用教室相继建成，还有食堂，这一切都标志着信义小学又上了一个新的台阶。

小记者：很多人在议论，校门口大路为什么起名叫进德路？

童爷爷：作为一个人，特别是小朋友，不仅要学知识，更重要的是学做人。另外，教学楼上布置"诚信"二字，就是要时时提醒大家，做一个诚实的人，做一个言而有信的人。只有诚实守信的人，才会受到人们的尊重，只有诚实守信的民族，有高尚道德的民族，才会立于不败之地。这也是我当初取"信义"这个校名的主要原因。

小记者：童爷爷，您能说说为什么以"礼、义、廉、耻"为校训吗。

　　童爷爷：当时,我题这个校训时,有人说人老古板了,"礼、义、廉、耻"不合时宜了。我并不这么认为。"礼、义、廉、耻"乃国之四维,四维即兴,国之复兴。这是非常有道理的。礼者,理也,只有懂礼貌,才能说理,做人要通情达理。义,有正义感,义无反顾,不达目的不罢休;讲义气,士为知己者死,同样,每位小朋友不能忘记自己的恩师、自己的母校、自己的民族。廉,乃清廉,只有清才能做到廉,贪之不廉,非分之财不能取。耻,乃羞耻之心,要懂得羞耻,什么事该做,什么事不该做;同时,勿忘国耻,永记八国联军、永记日本侵略者在中国的不义之举。小朋友们都是国家的未来,只有懂得"礼义廉耻",才能使祖国兴盛。

信义小学小记者

探乡情

1.阅读童崇基先生的人生故事,说说你从他身上体会到了什么。

2.参观金家信义小学童崇基纪念馆,给童崇基先生写一封信。

第三章 非遗育人篇

『非物质文化遗产』是人类文明的瑰宝，它承载着历史记忆，延续着文化血脉。非遗的传承与发展有利于我国传统文化的可持续发展。近距离接触非遗文化，学习非遗技艺，对于陶冶学生道德情操，提升学生文化素养，激发学生热爱祖国的美好情怀意义非凡。学生从中体会到中华文化的博大精深和伟大的创造力，产生一种强烈的民族自豪感，激发传承传统文化、热爱祖国的深厚情怀，努力把中华优秀传统文化进一步发扬光大。

第一课 "典"之慧

知乡史

　　毕矮(1609—1676)，又称"毕家矮仂"，原名毕文彩，明末清初人，是兰溪市原女埠镇毕家村人，是兰溪民间传说中的传奇人物，被喻为江南"阿凡提"。毕矮的故事大致始于明代，广泛流传于兰溪及龙游、建德等

周边县市,数百年来经过民间街头巷尾、田头地角、茶馆酒肆的口耳相传,以及民间艺人的不断丰富充实,至今仍是兰溪老百姓饭后茶余喜闻乐道的内容之一。目前流传下来的毕矮故事有100多篇。

毕矮出身贫穷的挑夫家庭,他年幼丧父,聪明幽默,机智过人,藐视权贵,用自己超人的智慧与地方恶势力做斗争,经常帮助别人解决危难之事。人们在毕矮故事里可以隐约感受到兰溪人的所思所想、所憎所爱,反映了劳动人民的理想和追求。与毕矮有关的故事,如《失而复得的官印》《怒惩渡霸头》《棒打老猪娘》等,都以通俗易懂的语言,展现了毕矮智慧的形象。在兰溪人心目中,毕矮的形象不仅仅是他个体的形象,更是兰溪人民智慧的化身,也是反抗邪恶势力、乐观向上的人生态度的象征。

2006年,"毕矮故事"被列入兰溪市非物质文化遗产代表作名录;2008年被列入金华市非物质文化遗产代表作名录;2012年获浙江省最具地域特色代表性文化符号;2016年,"毕矮故事"被列入省级非物质文化遗产代表作名录。

2014年,省委、省政府把农村文化礼堂建设作为一项重要工作,列为省政府十件实事项目之一。为了响应号召,毕家村结合实际,将毕氏宗祠改建为文化礼堂,将宗祠南侧的福厅改建成了毕矮智慧文化馆。文化馆通过泥塑场景、影视、刊物、漫画等形式,多角度展示毕矮的智慧,方便大家近距离了解感受"毕矮故事",弘扬和宣传毕家

文化。

2018年,兰溪市建设中心小学被正式确定为"毕矮智慧文化传承教学基地"。学校通过举办毕矮文化节、艺术节,倡导学生讲、写、画、演"毕矮故事"。学校对"毕矮智慧文化"的一系列传承工作也引起了广泛关注,多家媒体前往采访报道。

读乡韵

鸡笼背走了

有一次,毕矮从寿昌县回来,路过永昌。那时天色已晚,便在一家小饭店里住下了。

过了一会儿,毕矮看见有一个人背了一笼鸡,鬼头鬼脑地走了进来,和老板嘀咕。毕矮悄悄走近了一听,原来两人在商量买鸡的事,正讨价还价呢。最后店老板说:"这鸡又不是你自己养的,不就是溪西转了一圈吗,就这个价了。"那人不说话了,把一笼鸡放在堂前八仙桌底下,收了钱走了。毕矮明白了,他早就听人说起过永昌有个小饭店,专门低价收购小偷的赃物,从中牟取暴利。这鸡来路不正,肯定是溪西偷来的。他要想个办法,背走这笼鸡,还给人家。

　　吃过晚饭，毕矮向老板付了宿夜钱，说："明天我有要紧事情，一早就要走。""好的，好的。"老板一边收钱一边问，"客人，你叫什么名字？"毕矮说："我姓姬，名叫姬龙贝。"老板就把名字记到账簿上了。

　　第二天天刚蒙蒙亮，毕矮就起了床，他看见老板正在厨房里烧茶，就大模大样走到堂前八仙桌边，背着那笼鸡走了。没想到，这被老板的小儿子看见了，他只有十来岁，看见毕矮把鸡背走，就大声喊了起来："爹爹，爹爹，鸡笼背走了，鸡笼背走了。"老板在厨房里听见了，就说："由他去吧，反正宿夜钱收过了。"

　　过了很长时间，儿子见爹爹还不出来，就跑进厨房说："爹爹，鸡给客人背去了，你为什么不出去追呀？"老板这才急了，走出厨房一看，八仙桌下那笼鸡果然没有了，这可把他心痛死了。

　　毕矮一口气把鸡背到溪西，这时太阳刚刚出来。他把那笼鸡放在村头，放开喉咙喊："快来认鸡啊！快来认鸡啊！"村里人听见喊声，都跑到村头去看。果然在那里放着一笼鸡，大家认了自家的鸡，高高兴兴提回去了，而这时毕矮早已走了。

定格动画《怒惩渡霸头》
（建设中心小学师生合作设计、制作）

手偶剧《计取金罗汉》
（建设中心小学师生制作、表演）

方言情景剧《瘟狗有福》
（建设中心小学师生改编、表演）

探乡情

1.你听过家人讲述毕矮的传说吗？说一说你从毕矮身上学到了什么。

2.选一篇毕矮故事,声情并茂地把故事讲给家人听吧!

第二课 "砌"之细

　　粮食砌起源于清代乾隆年间,是以五谷杂粮、蜂蜡、松香等为原料,采用传统防腐技术,以口传身授的方式流传在民间的砌塑工艺,至今已有数百年历史。

　　兰溪粮食砌主要流传在兰溪市女埠街道金家村一带。金家村属丘陵地带,周边土地肥沃,雨量充沛,四季分明,盛产稻谷、小麦、油菜等农作物,芝麻、赤豆、绿豆、粟米等也有种植。金家村便利的交通、丰富的物产,为粮食砌的制作奠定了物质基础。

　　旧时,民间信仰、民间宗教习俗渗透于生产、生活的各个方面。金家村始祖孟一公于宋初年间定居金家。村前左侧有一座化千庙,庙内化千大帝备受村民敬仰。

　　该庙由金家、西坈、董

店、桥下及小麻车五村共有，同时也由五村轮值，每个村每年轮流将化千大帝迎归祠堂接受供奉。

因小麻车村人口较少，由金家村加值半年，称"月半年"。乾隆年间，金家村童翠风为了将金家"月半年"搞得与众不同，特意前往苏州学习制作粮食砌，回家后做粮食砌供奉化千大帝。这便是省级非物质文化遗产——兰溪粮食砌的发端。

从此以后，每逢"月半年"的正月二十，金家村村民迎神至积庆堂后，吹打乐队到制作大型器皿的农户家迎接粮食砌，制作小器皿的各户自带作品相随至积庆堂供奉，以祈五谷丰登。到了光绪年间，金家村制作的粮食砌品种多达50多种，有牌楼、亭阁、麒麟、虎豹、屏风炉盒等，能独立完成砌塑作品的艺人达30多个，全村参与制作者达100余人。

每逢祭祀活动，家家户户都会以五谷杂粮为原料，精心粘贴，制作亭、篮、炉盒、牌坊、屏风……，以此为供品，表达了人们五谷丰登、国泰民安、吉祥如意的祈求。

粮食砌的制作原料主要是谷、大青豆、赤豆、绿豆、黑豆、大米、粟、黑白芝麻、花菜籽等。粮食砌的制作是一件费时费力的活儿，需要很强的毅力，遵循各道工序，把一粒粒的粮食，摆砌成一件惟妙惟肖的艺术品。粮食砌制作的主要器具并没有什么特别之处，有模具、钳、木板、胶黏物、蜂蜡、凡士林、松香等。

粮食砌制作工艺精巧,主要有以下步骤:一是确定制作样品。大致有鼎、烛台、花瓶、牌楼、台、亭、阁、塔、屏风、狮、虎、象、羊、麒麟、果盒、如意等吉祥物,大户砌大件,小户砌小件,各自定制。二是制样。在一块平整光滑的木板上用竹篾围成模框,制成与制作物同样大小的模具。三是上胶成片。在模框中涂上一层胶黏物(原用黏性的糯米糊,后来也可用凡士林替代),大件内需加细钢丝,再用钳子和竹插将粮食一粒一粒依次排列,拼成花色图案。四是定型。在排列成图案的平面上,涂上一层薄薄的黏合剂,黏合剂以蜂蜡与松香为原料,经熔化后制成。拼件完成后,阴凉干燥。五是组合。按设计好的图样,精心组合,配上丝绸、花草、光片等饰物,以玻璃为罩,即成为一件美观别致的工艺品。

粮食砌工艺品规格大小不等,视制作者的设计和工时而定。粮食砌大者一尺左右见方,高约一至三尺,动物似普通玩具大小,可置于桌上。大者耗时数百天,小者数十天,形态千姿百态,可保存数十年。

读乡韵

60余年的非遗守望之路

随着时间的流逝,兰溪粮食砌制作艺人大多已谢世,原本该项目传承老艺人童拓基已离世,生前将手艺传于他的徒弟严素贞。

童拓基是兰溪女埠街道金家村人,出生于1933年。童拓基年轻时,正是金家村粮食砌鼎盛时期,全村老少都会制作。在这样的环境下,他十三四岁便跟随父亲童志和制作粮食砌,十五岁能独立制作一些简单的物件。

粮食砌最初是平面造型,艺人们觉得这会使粮食砌作品显得呆板,

之后就开始自己琢磨研究,并向老一辈砌塑艺人学习。慢慢地通过钻研,把粮食砌发展成了立体造型,使作品多样化,更具视觉冲击力。

后来,出于种种原因,粮食砌的发展渐缓。童拓基之后学习中医,并开办了一间诊所,粮食砌的制作也一度中断。

直到1971年,兰溪外贸部门为了挖掘民间工艺,邀请童拓基和同村的童文福制作粮食砌作品"龙亭"。作品之后在兰溪展出,受到社会各界好评。1997年,童拓基利用业余时间制作了"中华宝鼎"等粮食砌作品,参加上海、杭州的旅游招商会,上海东方电视台、浙江电视台对此做了专题报道。

2003年开始,童拓基先后投入10万余元制作雷峰塔、兰花、梅花、牌楼、鼎、屏风、香炉等,多次参加全国、省、市展览并荣获大奖。其中,雷峰塔是用140万粒粟谷杂粮、10多千克黄油,耗费2000多天制作而成的。整座塔按1:100比例,用绿豆、赤豆、谷子、粟米、油菜籽等8种杂粮"缩制"砌成,高1.2米,直径0.8米,重约17.5公斤。无论是塔基的雕栏大小,还是塔身的绘画,都严格按照西湖边的实物堆砌。为了延长作品的保存时间,童拓基还边制作边试验,采用浸洗、风干,喷防腐药剂,熏蒸再风干等办法来制作雷峰塔,预估能保存80—100年。

在屡次获奖的"光环"背后,兰溪粮食砌也面临无人继承的窘境。随着农村改革的深入,农村劳动力转移,学习制作粮食砌的人员越来

越少。而粮食砌制作有其特殊性,需要纯手工完成,无法用机械代替,一件作品多则半年甚至一年,少则数月,制作传承难以进行。

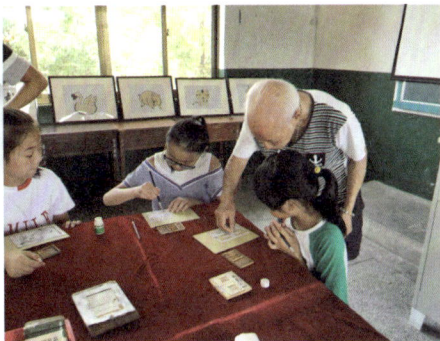

女埠街道金家信义小学重视学生家乡情怀的培养,将粮食砌这一省级非遗项目引入学校,承担了粮食砌的传承保护工作。学校先后被评为兰溪市和金华市的非物质文化遗产传承保护基地,2020年5月被浙江省文化和旅游厅评为省级非物质文化遗产代表性项目的保护单位。

学校建立非遗展馆,成立教学传承基地,建立非遗志愿者队伍,举办非遗展览,开展丰富多彩的传习班,旨在使非遗文化粮食砌得到更好的保护与传承。

探乡情

1.参观金家信义小学,欣赏粮食砌作品。

2.粮食砌的制作需要足够的耐心、细心。同学们,考验你的时候到了,亲自体验一下粮食砌的制作吧!

第三课 "塑"之美

知乡史

自古以来,中华民族就与泥土有着说不清、道不完的渊源。几千年来,人们用泥土制成艺术品,便成就了民间艺术——泥塑艺术。泥塑艺术以手工捏制各种人物形象,或素或彩,惟妙惟肖,栩栩如生,塑造的泥人形象丰富多彩、千姿百态,造型浑朴、简练,神情生动可爱,具有浓郁而独特的地方文化特点和较高的文化价值。

泥塑工艺,随时局而变化,时而兴盛,时而衰败。改革开放后,特别在20世纪80年代末90年代初,对被破坏的寺庙逐步进行大规模维修、翻建,泥塑艺术迎来了发展的又一春。

现代泥塑作品种类丰富,分为粗货、细货两大类。粗货又称要货,主要以吉祥祈福为题材,采用模具印坯、手工绘彩,其造型夸张,线条简拙,

整体丰硕稚胖，彩绘用笔粗放，色彩对比强烈，主要供儿童玩耍。细货以手捏为主的制作方式。内容大多以戏剧题材为主，故称手捏戏文，也捏反映现实生活的作品。一件作品从脚捏起，从下到上，由里到外，分段组合，一气呵成。

泥塑的基本用料——泥土需精心准备，一般选用带些黏性又细腻的土，经过捶打、摔、揉，有时还要在泥土里加些棉絮、纸、蜂蜜、水等。泥塑的模制一般分为四步：制子儿、翻模、脱胎、着色。

制子儿：就是制出原型，找一块和好的泥，运用雕、塑、捏等手法，塑造好一个形象，经过修改、磨光、晾干后即可，有些地方还要用火烧一下，加大强度。

翻模：就是把泥土压在原形上印成模子，常见有单片模和双片模，也有多片模。

脱胎：用模子印压泥人坯胎，通常是先把和好的泥擀成片状，然后压进模子，再把两片压好泥的模子合拢压紧，再安一个"底"，即在泥人下部粘上一片泥，使泥人中空外严，在胎体上留一个孔，让胎体内外空气流通，以免胎内空气压力变化破坏泥胎。

着色：素有"三分塑，七分彩"之说。一般着色之前先上一层底色，以保持表面光洁，便于吸收彩绘颜色，彩绘的颜料多用品色，调以水胶，以加强颜色附着力。

与泥塑不同的是，面塑是用面粉、糯米粉为主要原料，调成不同色彩，经过防裂防霉的

处理,用手和简单工具,塑造各种栩栩如生的形象。由于面塑的色彩丰富,造型生动,所以在中国民间流传很广,深受人们喜爱。面塑一般在街头巷尾现场制作,现场出售。

捏面艺人根据所需随手取材,对材料捏、搓、揉、掀,用小竹刀灵巧地点、切、刻、画,塑成身、手、头、面,披上发饰和衣裙。顷刻之间,各种各样的艺术形象便脱手而成:婀娜多姿、衣裙飘逸的美女,天真烂漫的儿童,以及各种神话故事中的人物、戏剧人物、历史人物……就成为人们喜爱的工艺美术品。面塑实际上就是用糯米粉和面加彩后,用手指和小刀、小篦子、竹针等通过压、按、点等手法形成点、线、面等造型元素而塑造出各种小型动物、植物、人物等形象的工艺品,制作步骤为"一印、二捏、三镶、四滚",缺一不可。

面塑作品色彩鲜明、色调明快、晶莹剔透、精微细致、情景交融、趣味盎然、生动传神、栩栩如生,具有中国传统绘画的风采和神韵,又不失民间艺术的纯朴气息。面塑艺术有着不可取代的艺术特性,也有着其他材料不能比拟的独特质感。面塑作品全手工制作,塑造出丰富的艺术作品。面塑表面光亮,造型简练夸张,用色大胆泼辣,有着浓厚的浪漫气息,给人以动感和美的享受,是集民族艺术精华的艺术珍品。

兰溪女埠面塑艺人舒国斌的爷爷就是一位走街串巷的捏面艺人,舒国斌因受爷爷的熏陶,从小就发自内心地喜欢面塑,他14岁就跟着爷爷正式学

习这门手艺。舒国斌潜心研究面塑几十年，手艺日臻完美，无论是传统的历史人物、神话故事、戏剧，还是如今深受小朋友喜爱的卡通人物形象，舒国斌的面塑作品都达到了很高的艺术水准。舒国斌还对传统的面塑配方进行了改良，经过改良配方捏出的面塑作品，可以保存多年仍然完整无损，色彩鲜明，如新捏一般。舒国斌"执一心，守一业"的精神值得小朋友们学习。

读乡韵

周跃龙——"女埠泥人周"

周跃龙 1964 年出生，自幼酷爱画画、雕刻。1981 年，周跃龙拜师成为一名木匠。1993 年，一次偶然的机会，他的木雕作品被一位兰溪雕塑师傅徐晓军发现。对方劝周跃龙放弃木匠行当，跟着他学习人物雕塑。经师傅指教，周跃龙颇有长进。学习半年之后，他就承接了当地的泥塑活。

1998 年，周跃龙受旅美雕塑家陈长庚教授指导，浮雕、现代雕塑技艺有所提高。如今，在乌镇、横店影视城、诸葛八卦村等省内国家级旅游景点，都可以见到周跃龙的泥塑作品。甚至，他的人物泥塑作品出现在美国庄严寺、云南大理崇祯寺、广州飞龙世界等地。

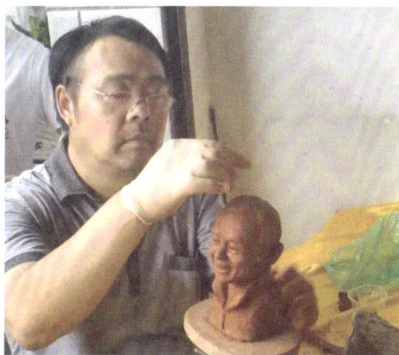

周跃龙还有个绝活:他仅用四五十分钟就能把一个人的泥塑肖像捏得惟妙惟肖。2012年,国家一级演员周志清曾到他的家中捏头像。值得一提的是,周跃龙多才多艺,除了泥塑,木雕、石雕也很精通,被称为"女埠泥人周"。

周跃龙不仅自己坚守着这门老技艺,而且培养自己的大学生儿子制作泥塑,他期待这个民间古老的技艺有更多的人传承下去。

探乡情

1.说一说,泥塑和面塑有什么区别?

2.去女埠老街走一走,体验"塑文化"的魅力。

第四章 "砚"之精

砚台起源于秦汉、魏晋时期,自唐代起,全国各地相继发现适合制作砚台的石料,开始以石为主的砚台制作。砚台是文房四宝之一,千百年来为传播中华文明发挥了巨大的作用。随着社会的发展,书写工具的现代化,砚台的实用性被观赏性所取代,逐渐作为人们的观赏品、收藏品。

据不完全统计,目前兰溪民间拥有的砚台收藏爱好者达200多人,收藏量数千方,专业重点经营古玩砚台的商人有上百人。其中,女埠古镇为主要

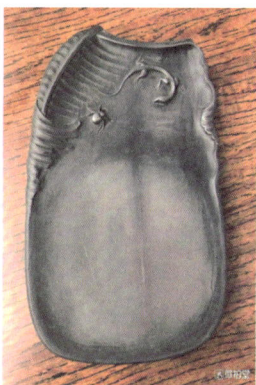

聚集地。

女埠集镇上几位砚台爱好收藏者,30多年来从未停止过收藏的脚步,他们积极研究古砚及相关历史文化,对古砚的鉴赏总结出一些经验。例如,一要看传世图录丰书,二要了解砚石历史的开采情况,三要了解其工艺水平和艺术风格特征,四要甄别铭文的真伪,五要看古砚上的墨锈、色浆、样式等等。一方砚台是一部涉及政治、经济、文化、艺术、书法、考古等多学科的书。

砚台是文房四宝中凝聚文化人情愫最多的物件。古老的砚台见证了数千年的文明传承。正因砚台在古人生活中有如此大的重要性才有如今的砚台收藏活动。其体现在收藏热、投资热、展览热、媒体报道热、资源抢夺热、外国人收藏热等方面。兰溪民间砚台的收藏正是反映了兰溪商埠文化的辉煌。

一方砚台,应以石色纯美、石质温润、雕饰精致高雅、造型美观大方者为上品。各种石砚风格不同,风采各异。

砚台雕刻很讲究,珍品的刻工可谓精妙绝伦。自唐代以来,历代皆有雕刻砚台的能工巧匠,他们根据石质色泽、纹理、形状而加工刻制,使天然美和人工美融为一体,古朴大方,端庄自然。

兰溪古砚台制作技艺已达到炉火纯青的程度,很多作品多次参加全国比赛获奖,并多次参加西泠印社交易中心拍卖会,在会上被热抢,同时也推动了兰溪民间砚台制作行业的迅猛发展。目前,兰溪砚台制作技艺

传承人主要在女埠,知名度高的工匠有渡渎村的章庆荣、高竹青,下潘村的潘小华、潘志成,上新屋村的童洪科,泽基村的童顺发。砚台的制作工序繁多,有采石、选料、下料、设计、制坯、开堂、合口、雕刻、打磨、上光、配盒等工序。

砚台的制作工艺首先体现在工艺构图上,一块砚材可以设计成规矩砚或随形砚,也可以设计成单片砚或双片砚。传统的宫廷砚的艺术主题主要是龙凤呈祥、花鸟鱼虫、人物等,一般以镂空雕为主,以浮雕、浅浮雕、透雕、凹凸雕为辅。此技法比较费工,要求技法娴熟,雕刻时一丝不苟,稍不留意,龙须碰断,前功尽弃。

一些技艺娴熟的砚雕工匠的作品架构大气,雕琢细致,巧夺天工,图案知识性、审美性给人以强烈震撼,令人爱不释手。现代工艺是以浅浮雕为主的制砚工艺,此种雕法要求随形就势,因材施艺。如何巧妙使用砚材,让天然石形与后天人为雕琢合一,是衡量砚雕工匠的技术水平高低的一个重要标准。所以有"七分构图,三分雕琢"的说法。

女埠砚雕工匠、鉴赏高手童先生说:前人论砚,有"五贵之说",即以紫为贵,以方为贵,以人为贵,以古为贵,以有铭为贵。以紫为贵,即以端砚为贵;以方为贵,指砚形必方为正,这是米芾之见,宋以后,砚形多变,方未必为贵;以人为贵,即名人之砚,人人争藏,以罕为贵;以古为贵,唐宋以后,收藏之风日盛,崇古为时尚;有铭为贵,铭文印章可以鉴古知人,又有史

学、文学、文字学、篆刻学诸方面的研究价值,所以砚贵有铭。此论甚为有理,文化内涵相当丰富,非淹通博洽者难得真赏。

兰溪民间对砚台的收藏、雕刻、鉴赏、研究是具有相当高的水平,是兰溪传统文化的一大特色。

读乡韵

兰溪民间雕刻师——章庆荣

作为文房四宝之一的砚台,从问世至今已有近五千年历史。在位于女埠街道文懿馆民间雕刻师章庆荣的工作室内,摆满了形状各异的大小砚台。名为"丹凤朝阳"的砚台,是一只凤凰朝着太阳;一个有着仙人和桃子的砚台,寓意福禄寿;还有的砚台是荷叶形状,躲着小螃蟹,雕刻精美细致。

从高中毕业拿起刻刀,章庆荣就再没放下雕刻。一开始家里有个亲戚做,章庆荣跟着学。后来师承潘征平、高级工艺美术师胡中泰等,20多年来,章庆荣坚持手工雕刻,经他手雕刻出来的砚台图案栩栩如生,让人爱不释手。

几把长短不一的铲刀,若干形状各异的錾子、角尺、榔头、圆规,是章庆荣雕刻时常用的工具。一块端砚的成型并不易,从原料开采到最终成型大致要经过采料、制坯、构思、雕刻、打磨、上油等诸多复杂环节。根据石料的特征揣摩如何雕琢最佳的造型,"制作砚台的基础是白描,绘画功底很重要,白描画得好才能雕刻好。"章庆荣说。根据石料的特征揣摩如何雕琢最佳的造型,起初的构思是整个过程中最重要的步骤,甚至关系到一件作品的成败。之后的雕刻图案则考验的是制砚人的耐性、构思和经验。一块天然的绿色石头,可以雕刻成荷叶,凸出来的地方雕成螃蟹,这些都是在天然的颜色和形状上发挥想象力而来的。

现在,大多数人购买砚台,更多地关注造型美观。砚台以传统文化的图案为主,结合现代风格,有的把故事情节雕刻在上面,有的是山水、人物和美好寓意的图案。

近年来,章庆荣积极参加各种技艺培训班、工艺交流活动,不断提升自己的技艺。他的砚台雕刻手艺被列入兰溪市级非遗项目。作为非遗传承人,章庆荣担当起传承、创新和发扬这项技艺的责任,多次参加非遗展示活动。如今他也是兰溪市非遗保护的志愿者,永葆时代工匠情怀,为非遗传承保护和传统工艺振兴贡献一己之力。

探乡情

1.参观女埠街道文懿馆,亲身体验砚台雕刻技艺。

2.采访兰溪民间雕刻师——章庆荣,写一篇有关他的报道。

第四章 礼义立人篇

衣冠威仪，习俗孝悌，居身礼义，故谓之中国。青少年是中华民族的新一代，以爱国主义为核心的伟大民族精神，是他们不忘初心、砥砺前行的强大的精神动力和精神支柱。

第一课　时节礼

知乡史

女埠主要的传统习俗

春节　俗称"过年"，是中华民族最重要的传统节日。从广义说，女埠本地的春节是从"过小年"开始，一直到正月十五的元宵节，这段时间统称为春节。在春节期间，各家都要举行各种庆祝活动，这些活动大多以祭祀神佛、祭祀祖先、除旧布新、迎禧接福、祈求丰年为主要内容。走亲访友，小辈给长辈拜年，是一年中孩子们最开心的日子。春节凝聚了中华民族几千年来农耕文明的精华，承载了人们对合家团圆、健康向上、富足美满的生活的追求和向往。

从腊月开始，人们就开始忙过年，俗称"十二忙月"。家里要掸尘、酿酒、炒米胖、打年糕、切冻米糖。

腊月廿四（或廿五）过小年。腊月廿八、廿九

"谢年"。贴好春联,家中八仙桌上备全鸡、全鱼、猪首、猪肉、豆腐、酒饭。红烛高照,香烟袅袅,氛围祥和肃穆。家主先举香叩首,后辈随后跟之。

年夜饭,菜肴极丰盛,全家按辈入座,桌上多留个位置,放一副碗筷,寓意"添子添孙",接着闩上大门,开始吃年夜饭。过年要说好话,不好听的话不能说出口。席间,长辈要用草纸给小孩擦嘴巴,俗称"揩屁股",意为小孩出言不逊,只当放屁。饭后,长辈要分发压岁钱,打开大门,鸣放鞭炮。同时全家还要守岁,其意主要是惜别旧年,迎接新年。

正月初一,古时称元旦。穿新衣,祭祖拜神。正月初一非直系亲属不能随便进家门,初二开始走亲访友,小辈给长辈拜年。

元宵,这个节日具有红火、热闹的特点,各村过元宵的时间会有不同。元宵节的起源,据民间宗谱记载,是汉武帝采纳方士缪忌的奏请,在甘泉宫设立"泰一神祀",从正月十五黄昏开始,通宵达旦地在灯火中祭祀,从此形成了这天夜里张灯结彩的习俗。元宵节期间,会举行"迎灯舞龙舞狮"活动。

清明 "万物皆洁齐而清明,盖时当

气清景明,万物皆显。"清明因此得名。

宋元时期,清明逐步形成一个以祭祖扫墓为中心,将寒食风俗与上巳踏青等活动相融合的传统节日。

清明节家家户户吃清明粿,上祖坟。清明节是二十四节气之一,属于农历三月的节气,因而与农事有关。农谚曰:"吃了清明粿,赤脚田坎过。"意即天暖赤脚下田,农事开忙。这一天,人们在清明扫墓的同时,也伴之以踏青游乐的活动。因此,清明既有慎终追远的感伤情怀,也有欢乐赏春的喜庆气氛。

端午节　农历五月初五,是中国民间的传统节日——端午节,它是中华民族古老的传统节日之一。端午也称端五、端阳。此外,端午节还有许多别称,如午日节、重五节、五月节、浴兰节、女儿节、天中节、地腊、诗人节、龙日等等。虽然名称不同,但总体上说,各地人民过节的习俗还是同多于异的。

千百年来,屈原的爱国精神和感人作品,已广泛深入人心,故人们"惜而哀之,世论其辞,以相传焉",所以端午也是纪念屈原的传统节日。

端午节有赛龙舟,吃粽子,悬挂菖蒲、艾草,喝雄黄酒等习俗,还有佩香囊。香囊里会放一些艾叶等中草药,有一股药香散发出来,有驱蚊、驱虫效果,也有祛病防疫的作用。也有用独瓣大蒜当内置物,外面用丝织成网状挂件,挂在颈项上的,有解暑作用。

时至今日,端午节对中国人而言仍是一个十分盛行的隆重节日。

中秋　农历八月十五日,是我国传统的中秋节,也是我国仅次于春节的第二大传统节日。中秋之夜,月色皎洁,古人把圆月视为团圆的象征,因此,又把八月十五称为"团圆节"。

自古以来,我国就有中秋拜月的习俗,到了唐宋时期更是达到了鼎盛。在很多老一辈人的记忆中,中秋拜月亮是一件全家人出动的大事儿:傍晚时分,把放着米筛的小方凳摆到家门口,米筛中间摆上早就准备好的白糖制成的月亮饼。全家人在家中长辈的带领下,举香朝着月亮行拜礼,拜完月亮,就围坐在一起同吃月饼。遗憾的是,现在拜月这种习俗已经不再盛行。

提起中秋,最不能少的就是吃上一块月饼了。吃月饼可谓是古今同乐的饮食习俗,在古代,月饼是中秋用来祭祀月神的贡品,沿袭至今,形成了中秋吃月饼的习俗。品尝着或甜或咸、口味各异的月饼,抬头欣赏头上明月,中秋之夜,好不惬意。

读乡韵

社日:社日是古代农民祭祀土地神的节日。汉以前只有春社,汉以后开始有秋社。自宋代起,以立春、立秋后的第五个戊日为社日。

从明代起,社日的祭祀活动充满了生活气息——聚饮社酒、社戏社鼓,已经成为邻里娱乐聚会的民俗活动。明代诗人方太古,出生于女埠上街村。他所作《社日出游》中"村村社鼓隔溪闻,赛祀归来客半醺"就生动再现了女埠社日的热闹场景。

社日出游

明·方太古

村村社鼓隔溪闻,赛祀归来客半醺。

水缓山舒逢日暖,花明柳暗貌春分。

平田白氵㶟流新雨,绝壁青枫挂断云。

策杖提壶随所适,野夫何不可同群。

探乡情

1.选择自己喜欢的途径进一步了解家乡的习俗,比如:可以询问长辈,听他们讲述家乡传统节日的习俗;可以通过查阅介绍传统节日的书籍;也可以通过电脑或者手机上网查阅相关的信息……并将你所了解到的家乡习俗填写在下面的表格内。

传统节日	时间	家乡的节日习俗

2.展示活动成果。

我给大家展示一下怎么样包粽子。

我会背诵有关中秋节的古诗词。

看!这是我写的春联。

我来给大家讲讲端午节的来历吧。

第二课　崇德礼

知乡史

　　国尚礼则国昌，家尚礼则家大，身尚礼则自修，心尚礼则自泰。文明中国礼，最美兰溪人。风景秀丽、人才辈出的渡渎村有着八百多年深厚的历史文化积淀，渡渎人崇尚儒学，耕读传家，以"礼"为荣，是一个崇尚道德的家族。

　　渡渎章氏勤奋节俭，尊师爱幼，和睦邻里，至今留下很多美谈。道德并不全是大是大非，它也体现在我们日常工作生活的细节中。心中有大善、有他人，会设身处地为他人着想，不贪图便宜，吃得了亏，做人谦恭有礼，尊敬他人、互帮互助、有羞耻之心，这些都是道德的体现。其中修身养性最重要的一点就是要学会自我反省。

　　优秀的中华传统文化，曾经孕育了中国历史上的繁荣盛世，几千年来对中国社会的和谐和发展发挥着极其重要的作用。中华传统文化博大精深，是中华民族几千年的精神支柱。

　　渡渎章氏世代崇学重教，也出过很多登科入仕的读书人，"一门四进士，伯侄两尚书"成为美谈，"耕""读"两字更是渡渎章氏的传家之宝。枫山先生学富五车、著书立言，他的著作《枫山语录》《枫山集》堪称经典。做文章，就是要"持敬致知"，时刻保持一颗敬畏之心去求索知识，读好书，学好本领。

　　户户仕奉官，科科出进士。渡渎章氏先祖以耕读传家，登科入仕，为社稷建千秋功业。我们应该以先祖为学习榜样，把不断学习作为进步的源泉，勇往直前是奋斗的支点，能做到做事刻苦锤炼、持之以恒，做到学

习永不自满、政治永不褪色、思想永不禁锢。树高万丈不忘根,人若辉煌莫忘恩,脚踏实地,做一个对社会、国家有用的人。

积善之家必有余庆,积恶之家必有余殃,这是我们这个千年文明古国所积淀下来的道德古训。我们要牢记章氏家训,做一个有道德修养的人,传承和弘扬"道学、功业、文章"的担三精神。

读乡韵

章枫山微服私访的故事

明正德年间,在南京做官的章枫山奉旨到金华、衢州一带微服私访。当章枫山路过衢江边的伍家圩时,被衙役抓去给官船拉纤。章枫山头戴斗笠,脚穿蒲鞋,身着布衣,不声不响地接过纤绳,把绳吊在脚踝骨上,拉了起来。

衙役见到大声斥道:"你这老头子,这么偷懒,人家拉纤用背拉,你怎么用脚拉,你可知道船上坐的是什么人吗? 是新任衢州知府,拉得慢是要吃鞭子的。"章枫山答道:"我肩背无力,脚力却大得很。"衙役见章枫山顶嘴,举鞭欲打,经纤夫们的劝解才了事。

时到中午,天气十分闷热,官船靠岸稍息。章枫山从汤布兜里掏出了一把黄绸伞遮阳。一衙役眼尖,一见到"黄凉伞",便知道老头儿有来历,马上去船舱禀告知府大人。知府慌忙奔出看,真是有眼不识泰山,拉纤的竟是吏部管员章枫山,连忙下船跪地磕头请罪。

这时,章枫山慢慢地收起黄凉伞,解下纤绳,摆摆手道:"勿用多礼,天气闷热,让纤夫们上船歇力,你就带着衙役下水背一程纤吧。"知府和衙役们无可奈何,不得不从,只好下船去拉纤。

79

　　章枫山平生做事襟怀坦荡,为人和平温厚,耿介拔俗,为官清廉,生活简朴,关心人民疾苦,讲学授业,孜孜不倦,至今为人们所称颂。

探乡情

　　1.打卡国内最古的藏书屋、省内最早的私人书院——枫山书屋。听章懋后人讲解章氏家训,感受崇尚儒学、耕读传家的遗风。

章氏家训

_____

_____

_____

_____

_____

　　2、让我们穿越时空隧道,穿上明代的服装,行崇德礼,体验一把明代的课堂。

第三课　尝鲜礼

知乡史

女埠街道的穆坞村、虹霓山村是有名的枇杷之乡。江南五月好,蚕老枇杷黄。兰溪五月枇杷香,一城山水半城黄。每年五月,枇杷成熟季节,我们都要举行尝鲜仪式,采摘新鲜枇杷供大家品尝。习俗既表达了果农丰收在望的喜悦之情,体现出农民的热情好客,同时也体现果农崇尚自然、感恩自然,希望来年风调雨顺的美好愿望。

一、活动时间

每年五月枇杷成熟季。

二、仪式流程

(一)仪式准备

红地毯、枇杷果、枇杷贡品桌、枇杷种植技术书籍等,营造祥和丰收的氛围。

人员安排:各枇杷专业合作社成员代表、村民。

(二)仪式内容

1.祈福寄语

主持人宣布枇杷成熟尝鲜仪式开始,表达丰收喜悦之情。

示例:来宾们,村民们,大家好!

又是一年红五月,我们迎来了一年一度的枇杷尝鲜节。尝鲜节是广大农民的盛大节日,更是广大枇杷爱好者的美好节日。枇杷有很高的营养价值,含有蛋白质、糖类、脂肪、钙、磷、维生素C和维生素A等多种成分。枇杷中的有机酸,能促进消化腺分泌,增进食欲,帮助消化,还具有止渴解暑的功能。今天,我们在这里举行尝鲜仪式,邀请广大来宾品尝新鲜枇杷,同时,衷心地祝愿果农们鲜果丰收、顺利采摘,来年风调雨顺、阖家欢乐。

2.吟唱诗文

在主持人的带领下吟唱与枇杷有关的古诗。

示例:漫山遍野黄灿灿的枇杷熟了。这个曾经被称作卢橘的水果,其树四季常绿,素有"江南五月碧苍苍,蚕老枇杷黄"的说法。唐朝诗人白居易用"淮山侧畔楚江明,五月枇杷正满林"的诗句描述枇杷将熟的胜景。枇杷花期正值秋冬之际,春季花谢结实,初夏果实成熟,秋季便是储萌之季。这与其他植物春华秋实的成长规律形成鲜明反差,更加体现了枇杷的与众不同。黄灿灿的枇杷不但颜色鲜黄亮丽、美味可口,还具有非常好的药用价值,自古就有文人着墨成诗,枇杷的四时之气、熟时满树灿黄的场景跃然纸上,耐人寻味。

山园屡种杨梅皆不成枇杷一株独结实可爱戏作

宋·陆游

杨梅空有树团团,却是枇杷解满盘。

难学权门堆火齐,且从公子拾金丸。

枝头不怕风摇落,地上惟忧鸟啄残。

清晓呼僮乘露摘,任教半熟杂甘酸。

题枇杷树

唐·羊士谔

珍树寒始花,氛氲九秋月。佳期若有待,芳意常无绝。

袅袅碧海风,蒙蒙绿枝雪。急景自余妍,春禽幸流悦。

3.迎"枇杷仙子"

以"绿水青山就是金山银山"为主题配舞蹈形式迎接枇杷仙子上台。(寓意只有搞好环境整治,重塑绿水青山,才能赢得枇杷仙子的眷顾,农民才能有好的收成。)

4.献鲜果

由枇杷仙子引领各枇杷专业合作社成员代表带着摘选的新鲜枇杷沿红毯拾级而上,摆上贡品桌。

5.选果王

根据枇杷大小、色泽、重量等情况评选贡桌上的枇杷,选出枇杷王,向果农颁发证书和奖励。

6.读祈福词

示例:国泰民安、五谷丰登;四季平安、风调雨顺;村庄和谐、人丁兴旺;家庭幸福、阖家欢乐。

7.尝鲜果

枇杷仙子将其余枇杷依次呈给其他人品尝。

仪式结束。

读乡韵

我爱家乡的枇杷

浙江省兰溪市女埠镇信义小学　王一鸣

我的家乡在"华东枇杷第一村"之称的兰溪市女埠街道穆坞村。

秋雨绵绵,漫山遍野的枇杷树贪婪地吮吸着甜甜的甘露,舒展着茂盛的绿叶,绽开了一簇簇乳黄色的小花。枇杷花虽然没有玫瑰的娇艳、牡丹的华贵,但在百花凋零之时和梅花并肩凌霜傲雪,让人钦佩。微风吹来,枇杷花散发出淡淡的清香,让人陶醉。

冬去春来,树上结满了青青的果子,像一个个害羞的小姑娘躲在碧绿碧绿的叶子下。五一劳动节后,枇杷就成熟了,黄澄澄的果实挂满树枝,仿佛一个个金灿灿的黄灯笼,点缀在万绿丛中。那时的景色真如村里牌楼上所书:"五月山如碧玉山,枇杷坞即黄金坞。"你随手摘一个,剥掉黄澄澄的果皮,嫩嫩的果肉让人直流口水,咬一口,汁水横溢,甜中带点酸味,让人回味无穷。

枇杷的种类很多,有又大又红的"大红袍",有甘甜清口的"白沙",有个大肉厚的"解放钟"……它们品种不同,口感、长相也不同。我最喜欢吃"白沙"枇杷了,个头大,样子好,肉头厚,味道鲜,每次都得吃到肚子滚圆才罢休。

枇杷全身都是宝,果肉不但味美,而且营养丰富,含有大量的维生素和矿物质!

我爱你,枇杷,你是家乡人民致富的"黄金果"。

探乡情

1.游览"华东枇杷第一村"穆坞村,体验白枇杷的种植过程。

2.活动展示台。

画枇杷

第五章 红色历程篇

女埠是一方红色热土，有着悠久的革命传统。充分发挥红色资源的引领作用，不断加强革命传统教育，必将激励青少年继承和发扬党的优良传统。以坚定的信心和勇气、奋发有为的精神状态，为建设『诗路女埠』贡献自己的力量。

第一课　浙西特委

重温红色历程

1927年第一次国共合作失败后，蒋介石发动"四·一二"反革命政变，大肆屠杀共产党员，镇压革命群众，白色恐怖笼罩着全国，同年8月，中共中央在汉口召开紧急会议，确定了土地革命和武装反抗国民党的总方针。在党中央的领导下，各地反抗组织纷纷兴起，打击贪官污吏、土豪劣绅。浙西地区当时响应强烈，工农运动蓬勃发展。以我们兰溪为例，1927年10月全县成立了农民协会，到1927年底，短短两个月时间会员就达到10000人，并且先后在诸

葛、水亭组织了两次起义斗争并取得了成功,极大地震慑了土豪劣绅,鼓舞了广大人民的革命热情。

浙西地区也受到了中共浙江省委的关注。1928年4月22日,这一天下午,省委常委、特派员卓兰芳同志秘密来到兰溪,在乐英高等小学和浙西8个县的11位代表秘密召开了一个特别的党代表会议,会议通过并成立了浙西特别委员会,这是浙江省委在全省建立的第一个地区性党组织。在特委的领导下兰溪的党员数量从500名猛增到1400名,党员数量是浙西地区之最,兰溪也成了当时浙西地区革命斗争的中心。

特委书记卓兰芳同志——看似柔弱女子的名字,其实是位铁骨铮铮的硬汉。连后来审问他的敌人也不得不承认:"共产党大官卓兰芳的骨头最硬。"卓兰芳,宁波奉化人,先后担任过省委常委、省委书记。出身于教师家庭,1925年入党,之后一直以教师的身份为掩护在浙江各地组织发展革命运动,领导建立宁波第一个农村党支部,发动奉化暴动,在浙西、浙北地区组织多次农民运动。1930年牺牲于杭州陆军监狱。

中共浙西特委组织系统表

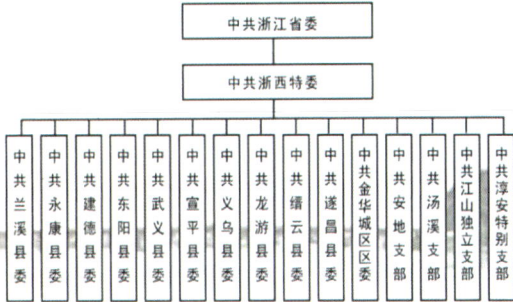

中共浙江省委 → 中共浙西特委 → 中共兰溪县委、中共永康县委、中共建德县委、中共东阳县委、中共武义县委、中共宣平县委、中共义乌县委、中共龙游县委、中共缙云县委、中共遂昌县委、中共金华城区区委、中共安地支部、中共汤溪支部、中共江山独立支部、中共淳安特别支部

在卓兰芳调任浙江省委书记后,严汝清被指派为特委代理书记,组织创建了兰溪农民协会并发动了兰溪的秋收暴动,不幸的是他被叛徒出卖,牺牲于兰溪金钟岭。牺牲时年仅25岁。特委成立虽然只有短短几个月,但是在一定程度上打击了国民党的反动统治,特别是为以后的工农革命奠定了组织和思想基础。

当时兰溪地区组织了规模最大的一次工农运动——秋收暴动。这次暴动主要目的是整治后陆恶霸陆森林,攻打夺取永昌镇(因为当时国民党政府的警察所就设在永昌）。当时有千余人在永昌镇及周边后陆、殿下等地发起暴动，震撼了浙西地区，惊动了国民党省政府，省政府代主席、防军司令蒋伯城亲自带了两个连来镇压暴动。暴动虽然以失败告终，但是它打响了浙西农民武装暴动的第一枪。

1928年浙西各县中共党员人数统计表

县别	兰溪	永康	武义	宣平	东阳	义乌	浦江	金华	汤溪	建德	寿昌
党员人数	1400	700	420	160	80	98	5	64	5	300	200
县别	淳安	遂安	桐庐	分水	遂昌	缙云	衢县	江山	龙游	常山	开化
党员人数	4				307	323		20	91		

各地的武装暴动，推动了农民武装的建立和发展，扩大了中国共产党的影响，促进了各地党组织的恢复和发展。各地的农民暴动锻炼造就了一大批革命的骨干力量，他们就像革命的火种，在广大人民群众中生根、发芽、结果，对后来红军挺进师在浙西南坚持3年游击战争，为抗日战争、解放战争的胜利都起到了积极作用。

中共浙西特委纪念馆简介

中共浙西特委纪念馆位于女埠街道上街村，村中的五龙庙是浙江省第一个地区级党组织——中共浙西特委的诞生地。1997年，由女埠镇老年协会筹资，在庙前新建了"浙西特委会旧址"。2009年，恰逢中华人民共和国成立60周年，为了更好地保护革命遗址，中共兰溪市委、兰溪市人民政府对浙西特委会旧址进行了修缮，并更名为"中共浙西特委纪念馆"。中共中央党校原常务副校长、浙江省委原书记薛驹为纪念馆题名。

修缮后的纪念馆占地约2亩，分绿化区、布展区、乐英高

等小学及五龙庙四部分,共展出了"八七"会议精神的传达和工农运动的蓬勃发展、中共浙西特委的成立、浙西各县党组织的巩固和发展、浙西大地的革命烽火等内容,共有百余幅(件)珍贵的历史照片和实物。

近年来,该馆开展了各类学习实践、革命传统教育、主题教育等活动,接待了来自全市机关事业单位、企业、学校、社区以及其他县市的人员参观。参观人数逐年提高,充分发挥了资政育人的党史宣传基地作用。

该馆被命名为"兰溪市青少年革命传统教育基地""金华市党史教育基地""浙江省党史教育基地"等。

读乡韵

女埠古街

郭茂林

兰江西畔古街行,"平渡""女儿"有盛名①。

街似长虹商店布,埠排高阶货舟迎。

风光秀丽凭君览,物品琳琅任客选。

犹忆浙西特委建,丰碑永驻舞红旗。

———————————————

①女埠,三国时称"女儿浦",明朝时称"平渡镇",民国初称女埠沿用至今。

探乡情

1.红色展厅忆先烈

你知道修缮后的中共浙西特委纪念馆共分为哪几大专栏吗？运用思维导图的方式记录下来吧！

2.红色英雄事迹展

在中共浙西特委的革命历程中，一定有很多感人的革命事迹，请选择最让自己感动的人物，和同学交流并完成表格。

红色人物	主要事迹(用一两句话概括)	最佩服他(她)的地方

第二课　乐英高等小学

知乡史

　　位于女埠街道上街村的五龙庙,1911年时为公立乐英高初两等小学堂校址。1912年学堂改称学校,为平渡区乐英高等小学。1927年,该校就有中国共产党的活动,并建立了中共乐英小学支部,黄受谦、成作忠、方希亮、吴思一等中共党员先后在该校任教。黄受谦、成作忠先后担任中共平渡区委书记兼乐英小学支部书记。1928年4月12日,中共兰溪县委在这里召开重要会议,决定加强寿昌县南部和甘溪区等山区党组织发展工作,为开展武装斗争做准备,同时决定进行后陆除霸斗争。后来,这里成为县委机关驻地。同年4月22日,中共浙江省委常委、特派员卓兰芳在这里主持召开了中共浙西各县代表会议,成立了中共浙西特委。乐英高等小学培育了许多人才,也播下了革命种子。

1928年的女埠五龙庙，已不是庙，而是一所学校——女埠乐英高等小学，它就是今日兰溪市女埠中心小学的前身。当年决定在这里召开党的重要会议，学校是承担了极大的风险的，并且保证了会议的顺利召开。学校全力支持，为掩护革命活动做出了贡献。

岁月悠悠，九十载寒来暑往，风云变幻，虽然女埠五龙庙已废弃，但这段革命历史是不朽的，乐英高等小学因此而名留史册，该校的革命火种也代代相传。其中有位老教师，他叫何绍棠，厚仁乡莲塘岗村人，中华人民共和国成立前即在女埠小学任教，他就是1948年在校工作期间加入中国共产党的。

大革命时期，一批又一批先进青年、进步知识分子接受马克思主义，先后参加革命。浙江的青年学生中的先进分子，也在杭州等地加入共青团、共产党，推动了地方党组织的建立和发展。其中兰溪女埠就有三位，

他们是：童玉堂，女埠乡上新屋村人；邵溥慈，女埠乡焦石村人；方希亮，女埠乡上街村人。

1927年2月中旬，是中共兰溪党组织的创建时期。受上级所派，童玉堂以兰溪县工人运动专

员的身份回兰溪筹建中共地方组织,方希亮以兰溪县农民运动专员的身份回兰溪开展农民运动。从此,兰溪革命斗争的序幕揭开了。

童玉堂等人在兰溪工人和知识分子中间发展了第一批共产党员,播下了革命的火种。2月下旬,童玉堂随即在兰溪主持召开党员会议,创建了兰溪第一个中共党组织——兰溪临时特别支部,童玉堂任书记。不久,童玉堂调杭州工作。嗣后,中共杭州地委派邵溥慈继任兰溪临时特支书记。这时邵溥慈的公开身份是兰溪县总工会筹备处主任。方希亮后来则在女埠乐英小学任校长,并在校内教师中发展党员,建立党支部,从事革命活动,乐英小学因此成为革命的摇篮。

嘉兴南湖,曾著星星火,共产党人引来兰溪,点燃了浙西大地。乐英小学,此地也著星星火,薪火相传。20多年后,迎来了新中国的诞生,90多年后的今天,又迎来了国富民强的盛世。

读乡韵

少年时期就读于女埠乐英高等小学的童玉堂1936年去西安,至1946年抵乡,已有10年。抗战胜利后,内战又起,在外工作难,回家安居难,甚至途中行走亦难,此诗是抵达兰溪老家后追写。

夜渡关山

童玉堂(一九四六年里居)

十年西北向归途,两袖清风半担书。

去去不知家在否,行行未卜路存无?

心忧望破双亲眼,胆怕推翻游子颅。

今夜此身穿百穴,万山初渡月明车。

探乡情

1.让我们一起穿越时空的隧道,坐在这古色古香的小学堂内,以小组为单位,聆听红色经典,畅想美好未来。

聆听红色经典　畅想美好未来			
组长		组员	
聆听组员讲述红色经典故事(记录主要内容)			
畅想我们的美好未来			

2.实地参观乐英高等小学,体会幸福生活的来之不易,写一句激励自己的座右铭。

我的座右铭:＿＿＿＿＿＿＿＿＿＿＿＿＿＿＿＿＿＿＿＿＿

第三课　红色上新屋

知乡史

　　女埠上新屋村是兰溪红船的发源地，是兰溪历史上第一个党员、兰溪第一个党组织中共兰溪临时特支的首任书记童玉堂的故里，有着鲜明的红色文化和红色基因。自2019年6月以来，村里着力打造红色旅游景区，以初心亭、初心广场、初心讲堂等为依托，开发红色文化，"初心"系列已初见端倪，2020年将在原来的基础上建设初心展馆、初心公园、初心大楼，进一步挖掘"初心"文化，把上新屋打造为兰溪的"初心"地。

红色人物

童玉堂（1905—1951），字启明，乳名锦川，又名念成，别名童牧，出生在兰溪平渡区（今女埠街道）上新屋村一个富裕的书香世家。少年时期就读于女埠乐英高等小学、兰溪云山高等小学和金华浙江省立第七中学，后考入上海大学。在上海大学读书时，与革命先驱李硕勋（李鹏之父）等是同学，追随革命进步思想，成为学生领袖之一，积极投身五卅反帝爱国运动，在租界内与两千余学生一起散发传单，发表演说，抗议日本纱厂资本家镇压工人大罢工、打死工人顾正红的暴行，声援工人，并号召收回租界。1925年在上海大学加入共青团，1926年转为中共党员。他是最早参加共产党的兰溪籍人。

从上新屋走出去的童玉堂，从杭州带来革命火种，点燃在兰溪大地，薪火相传。从此，兰溪人民在共产党的领导下，经过20多个春秋的不懈奋斗，终于迎来了新中国的诞生，兰溪人民翻身得解放。大革命后期，中共杭州地委十分重视兰溪党组织的创建工作，在1927年2月18日北伐军抵达杭州时，即通过杭州地委派童玉堂为兰溪县工人运动专员，方希亮为兰溪县农民运动专员，到兰溪开展工农运动，筹备建立中共地方组织。童玉堂抵兰溪后，卖掉上新屋家中2亩豆地（俗称麦地田），作为活动经费，即与陈文棋、徐宝书等接洽，商讨开展工农运动和发展党员等工作。接着童玉堂介绍女埠镇乐英高等小学教员成作忠入党。嗣后，童玉堂在城区下卡耶稣堂主持召开了有陈文棋、徐宝书等人参加的兰溪第一次党员会议，宣布成立中共兰溪临时特别支部，童玉堂任书记，隶属中共杭州地委,地点在下卡耶稣堂。这是兰溪最早建立的中共组织,童玉堂是兰溪大地上最早的革命火种播撒者,从此开创了中共领导兰溪人民革命斗争的新局面。中共兰溪临时特别支部建立后,即成立兰溪县总工会筹备处,筹备处主任由特支书记童玉堂兼任。筹备处设在下卡耶稣堂。

1927年"四·一二"反革命政变后,童玉堂被列入通缉名单。5月转至武汉,适值全国第四次劳动大会召开在即。6月19日至28日,童玉堂以列席代表身份参加了在汉口召开的全国第四次劳动大会。大会由李立三致开幕词,刘少奇做全国总工会会务报告。中共中央向大会发了贺信。信中明确这次大会的任务是:工人阶级要领导农民阶级和小资产阶级向共同的敌人作战。大会通过了《政治报告决议案》《国民革命的前途和工会的任务》等13个决议案。

1927年秋,童玉堂返杭后,受中共浙江省委指派,参加省总工会筹备工作。年底,在参加筹建浙江省总工会工作时被捕,判刑3年,囚禁于浙江陆军监狱。1928年转入浙江反省院。1929年夏,参加狱中党的秘密组织,曾积极参与、组织难友反对狱方虐待、迫害,争取改善囚徒生活的各种斗争。面对敌人引诱、恐吓、威胁、毒打,童玉堂对党坚贞不屈,誓死不招,又被加刑3年。为此,童玉堂父亲童赏春(晚清御赐黄马褂骑白马的举人),为救童玉堂之命,变卖田地,以治疗肺结核病为由,于1934年下半年将童玉堂从反省院保释出狱。

首次牢狱之灾六年　面对酷刑意志坚定

在长达6年的牢狱生活中，尽管童玉堂失去组织联系，但并未动摇他的革命信念，长期镣铐加身迫害，却始终保持共产党员的高尚气节和凛然正气，虽严刑拷打仍严守党的秘密，积极参加狱中的政治斗争，受到狱友们的敬重。

童玉堂生前遗留一张照片，是童玉堂和其他6人在国民党浙江陆军监狱出狱释放的革命同志合影。因照片中的人在狱中共患难时间加在一起为34年，特标注为："记住，这可纪念的34年！"

濯足清流

　　童玉堂　　一九三二年于狱中

濯足清流陷苦泉，玉壶心洁亮如前。

寒窗梦醒惊凌辱，热血神迷痛失眠。

冤祸袭来悲往事，恩仇负却托空言。

万般债待归偿日，怒发冲冠亦枉然！

（此诗写狱中斗争，是对叛徒和狱卒的斥责。）

100

探乡情

1.童玉堂同志不忘初心,追求真理,为党的事业鞠躬尽瘁。他为党工作而三次入狱,但对党忠诚,矢志不移,始终保持共产党人的气节,永远值得后人学习,从他的诗中,你读懂了什么?

我读懂了_____

_____

_____

_____

_____

2. 参观上新屋村玉堂广场,开展一次红色研学之旅,以思维导图的方式记录下你的红色足迹。

第四课　焦石村

知乡史

　　焦石村,古名盛家园,村处低丘,如盘中园林。村东有焦石山,临兰江,峙华山,孤峰独秀,后绕长湖,山岩呈赤色,村以山名。中国古代戏剧大师李渔曾留楹联"千年焦石无烟火,万古乾溪有水流"之名句。这里是中共杭

州中心市委书记、中共兰溪县委书记邵溥慈的故里,是敌后抗日根据地和中共地下交通站。1992年,焦石村被兰溪市人民政府定为老革命根据地。

红色人物

邵溥慈(1900—1955),中共兰溪县委第一任地下党书记,名志仁,字溥慈,号惠群,行凝八。1920年参加新兰溪学社宣传新文化,1923年与鲍友恭在兰溪发起组织正谊社。1924年入浙江农专读书。暑期任兰溪进步团体正谊社社长之职。1925年3月考取公费去日本留学。1926年8月去广州在国民革命军总司令部工作。11月返浙,任共青团杭州地委组织干事。1927年2月转为中共党员。

曾受中共杭州地委指派,任中共兰溪县委书记兼永康县委书记。先后视察金华、武义、义乌、缙云等县。1929年为浙东南巡视员。7月任中共杭州中心市委书记。因通信破坏,在杭被捕,判刑9年,押于杭州陆军监狱。1934年经惠兰营救出狱。后到宁夏银川市屯垦处工作。被怀疑与地下党有联系,1936年夏被捕。"西安事变"后,1937年4月回兰溪。1938年1月任兰溪战时政工队组织干事,训练抗战干部。组织开展宣传中共"抗日救国十大纲领"等活动。又受金衢特委指派,任义乌县兵役科长。1940年秋同妻去福建南平工作。1941年1

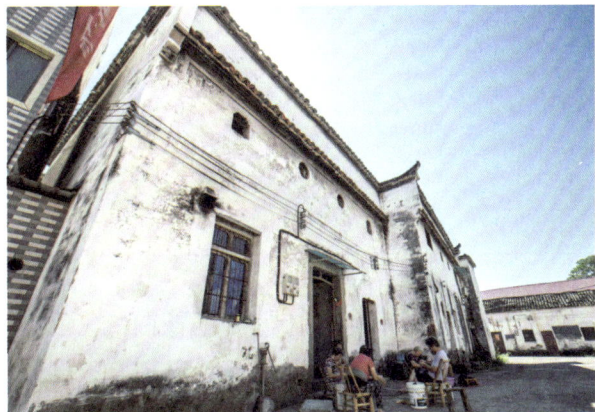

103

月去江西赣州中国工业合作协会工作。因怀疑是共产党又被捕。在押期因肺病保释回兰溪。1942年夏,日军占领金兰。邵溥慈在老家为金萧支队八大队建立秘密联络站。1948年秋任金华丽泽中学总务。1949年4月加入中共闽浙赣城工部工作。解放前夕,去金华汤溪做策反活动。1949年6月调任金华专署文教科副科长,1950年冬调浙江省林业厅。1955年逝世。

读乡韵

劝善家规十二条

敬祖先,孝父母,隆师表,宜兄弟,正闺阃,慎交游,
尚勤俭,睦宗族,务读书,重节孝,勤职业,崇阴骘。

在《劝善家规十二条》的影响下,焦石村名人辈出,涌现了明代正风肃纪的清官邵玘,中共兰溪县委第一任地下党书记邵溥慈等。

探乡情

1.做一做:根据自己搜集的资料和实地走访,为焦石村设计一张名片。

2.没有星辰的夜晚是暗淡的,同样,没有英雄的历史是苍白的。虽然时代不同,但红色精神必须传递,请你拿起笔来写一写家乡的抗战故事。

后 记

　　兰溪市女埠街道是浙江省历史文化名镇,也是一个有着1700多年历史的千年古镇,有着丰富的旅游文化资源。女埠,因水而生,因水而兴。素有"金山拱秀,瀫水清流,得山水之清奇、文风之胜景"之誉。

　　女埠街道是个人杰地灵、物阜民丰的好地方。女埠街道的历代先辈,在人类发展的历史长河中,用自己的聪明才智和勤奋的双手,战天斗地,绘制出一幅幅淳厚丰实、流光溢彩的动人画卷;是他们,在祖国和人民需要的时候,挺身而出,为了国家的安全和人民的幸福,浴血奋战,英勇献身,写出一首首激奋人心的战斗诗篇;是他们,坚持团结友爱、和睦相处,弘扬中华民族自强不息、艰苦奋斗的传统美德,唱出了一曲曲优美动听、感人肺腑的时代壮歌,亘古及今,女埠的历史,内涵丰富多彩,情深文远。把她撰写成书,完全可以作为女埠街道继往开来的一代人学习热爱祖国、热爱党、热爱家乡的乡土好教材。

　　身处女埠的广大师生,要"爱国、爱党、爱家乡",为新时代"立德、立功、立言"!我们用自己的爱好来抒发对家乡的爱,我们把自己的知识奉献给女埠的人民。让女埠人以宽容、仁爱的心态,去真心实意地为振兴女埠服务,为创造女埠美好的明天服务。

　　在编撰过程中,我们得到了兰溪市教育局、女埠街道党工委的大力支持,得到了女埠街道中小学、幼儿园许多老师的大力帮助,得到了许多文史爱好者的大力协助。在查阅史志家谱资料、核实史实、撰写特色等方面,他们都给予了协助。他们无私地付出了大量的心血,在此一并表示衷心感谢!

　　这本书的文稿尽管历经多次精细琢磨,反复修订,但由于编者水平有限,文字功底不足,仍然有疏漏失误之处,尚请读者见谅,并加以批评指正。希望女埠街道的人民在若干年后,能够在美丽女埠的发展历史上做出更多的贡献。

编　者

2020年7月